내 마음 내가 치유한다

: 7주간의 인지행동치료[CBT] 치유 여정

내 마음 내가 치유한다

Retrain Your Brain:
Cognitive Behavioral
Therapy in 7 Weeks:
A Workbook for
Managing Depression
and Anxiety

세스 J. 길리한

지음

신인수
전철우

옮김

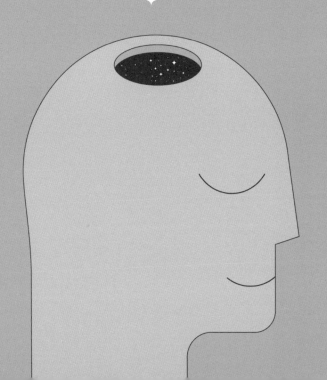

씨
아이
알

간단한 체크리스트

이 책은 당신을 위한 것일까요? 당신에게 아래 진술문의 내용이 종종 해당한다면 박스에 체크해 보시기 바랍니다.

나는…

☐ 수면 곤란을 겪고 있다.

☐ 앞으로 기대할 수 있는 게 아무것도 없는 것 같다.

☐ 긴장을 풀기 어려울 때가 있다.

☐ 즐겼던 것들에 대해 이제는 흥미를 느낄 수 없다.

☐ 다음에 일어날 불안 발작이 두렵다.

☐ 뭔가 집중하고 결정을 내리기 위해서는 무척 애써야 한다.

☐ 죄책감을 느낀다. 내 자신이 싫다.

☐ 특정한 대상이나 동물이나 상황이 무섭다.

☐ 필요한 활력과 동기를 이끌어내기가 어렵다.

☐ 필요 이상으로 걱정을 많이 한다.

☐ 종종 긴장과 불안을 느낀다.

☐ 해야 할 일들에 대한 불안 때문에 그 일을 피하게 된다.

☐ 걱정을 통제하기 힘들다.

☐ 어떤 사회적 교류 상황에서 극도의 불안을 느끼기 때문에 그런 상황을 될 수 있는 한 피한다.

만약 이 체크리스트에서 서너 개 이상을 체크하셨다면 이 책을 통해 인지행동치료CBT에 대해 배우면서 이러한 치료적인 과정을 자신의 것으로 만들어보시길 바랍니다.

저의 아버지의 아버지,

프랭크 롤린 길리한께

(1919-1967)

추천사

　연구에 따르면 인지행동치료Cognitive Behavioral Therapy(CBT)는 우울 및 불안 장애에 대한 가장 효과적인 치료로서, 고통을 완화하고 재발을 방지하는 역량에서 의료처치 및 여타 유형의 치료들을 능가합니다. 하지만 CBT란 무엇이고 어떻게 효과를 내는 것일까요?

　CBT가 지닌 치유의 저력을 제대로 평가하는 일은 실제로 그 저력을 목격하기 전까지는 쉽지 않습니다. 저는 임상을 실행하는 과정에서 우울 및 불안 장애를 겪는 분들이 인지행동 기법들을 익히면서 새롭게 깨어나는 모습들을 목격해왔습니다.

　예를 들면, 저의 내담자 중 한 분은 65세의 여성이셨는데 30년 동안 심각한 우울증으로 고통을 겪고 있었습니다. 그가 저의 치료실을 방문했을 당시에는 희망을 찾을 수 없어 좌절감에 빠져 있었으며, 자신이 "우울에서 빠져나올 생각이라도 할 수 있게" 제가 도울 수 있으리라는 것에 대해 완전히 회의적이었습니다. 그의 마음속에서는 자신이 잔인하기 짝이 없는 '유전자 추첨시스템'의 희생자이고, 그가(또는 제가) 그러한 기분을 개선하기 위하여 할 수 있는 게 아무것도 없다고 생각했습니다.

　하지만 몇 회기 지나지 않아서 그는 자신의 사고 과정thought process에 대해서 알아차리기 시작하였고, 스스로에 대해 품었던 많은 가정들이 사실에 근거한 것이 아님을 인정하게 되었습니다. 성급하게 결론으로 뛰어들기 전에 이러한 가정들에 대해 의문을 제기하고, 다른 가능성들에 대하여 숙고하기 시작하였습니다. 그는 자신의 생각들이 언제나 완전히 정확한 게 아니라는 사실을 발견하게 되었고, 자신의 처음 판단을 믿기 전에 어떻게 증거를 찾아볼 것인지에 대하여 배우게 되었습니다.

자신의 생각 패턴에 대하여 이렇게 알아차리게 되자, 자신의 남편과 관계 맺는 방식에 작지만 깊이 있는 변화를 가져오게 되었습니다. 그의 결혼 생활이 개선되기 시작하면서 타인들이 자신에게 보이는 반응들에 대한 자신의 해석을 재평가할 수 있을 만큼 충분히 안정되었습니다. 또한 세상을 경험하던 자신의 렌즈가 왜곡되어 있었음을 이해하기 시작하였습니다. 그는 CBT를 통하여 자신의 사고 과정을 재구성할 수 있었고, 따라서 세상과 자신에 대하여 보다 더 정확한 토대 위에서 받아들일 수 있게 되었습니다.

점진적으로 그는 다시 사회화하는 것, 그리고 자신을 포기했다고 생각했던 가족들에게 연락하는 일에 자신감이 들기 시작하였습니다. 그는 가족들이 보인 반응에 매우 즐거운 놀라움을 느꼈습니다. 저는 그가 산책하러 나갈 힘조차 거의 없던 사람에서, 이제는 친목 및 가족 모임에 참여하는 사람으로, 다음날이 오기를 기대하는 사람으로 환골탈태하는 자신의 모습을 지켜보았습니다. 이와 같이 CBT는 우리의 삶을 변용시키는 잠재력을 지니고 있습니다.

사람들은 종종 우울과 불안에 대한 도움을 요청하지만 학술적인 전문용어나 심리학 이론에 대한 지나치게 자세한 설명을 마주하게 되거나 반대로 너무 얄팍한 분량의 책에 실망감을 느끼면 그런 책들을 포기하게 됩니다. 기분 저하나 지나친 걱정에 따른 삶의 무게감 때문에 고투하는 사람들에게는 추상적인 언어로 쓰인 두꺼운 책에서 압도되는 느낌을 받을 수 있습니다. 하지만 길리한 박사는 이 책을 통해 우리에게 단순하고 간결하며 스트레스를 주지 않는 실습서workbook를 당신에게 제공합니다. 삶에서 고투하다가 지치거나 실패했다고 느끼는 분들에게 매우 이상적인 책입니다. 쉽게 읽을 수 있는 아홉 개의 장을 통해 길리한 박사는 인지-행동 전략들을 쉽사리 소화할 수 있는 개념과 실습들로 잘게 나누어 제시함으로써 당신 안에 있는 자신감을 끌어올리고 숙달할 수 있도록 돕고 있습니다.

저는 길리한 박사를 15년간 알고 지냈습니다. 환자들이 가장 취약한 삶의 순간들 속에서 도움을 요청할 때마다 그가 자비와 공감의 마음을 표현하는 모습을 지금까지 지켜봐 왔습니다. 길리한 박사는 환자들 누구나 이해할 수 있는 수준에서 그들이 필요로 하는 치유를 제공할 수 있고, 그들이 스스로를 도울 수 있도록 필요한 기술들을 습득하도록 친절하게 도와줄 수 있습니다. 우리가 학교에서 함께하던 때로부터 10년이 훌쩍 넘은 지금도 길리한 박사와 함께 임상 관련 이슈들에 대해 토론할 수 있다는 사실에 대해 감사한 마음이 듭니다. 그는 토론 과정에서 환자와 그 가족들이 불안 및 우울과 싸울 수 있도록 도우면서 얻은 폭넓은 경험들을 활용합니다. 그는 우울과 불안을 주제로 상당한 집필 활동을 통하여 40편 이상의 학술 및 임상 원고를 출판하였고 『강박장애 극복하기: 회복에의 여정Overcoming OCD: A Journey to Recovery』이라는 저서의 공저자이기도 합니다.

CBT 과정에 참여하는 것은 실제로 하나의 여정으로서 도전적이고 험난한 과정일 수 있습니다. 하지만 신나고 보상을 안겨주는 과정이기도 합니다. 모든 힘겨운 여정과 마찬가지로 CBT의 여정 역시 경험 많고 숙련된 안내자와 함께할 때 가장 잘 헤쳐나갈 수 있습니다. 이러한 여정에서 세스 길리한 박사가 당신을 그 누구보다 잘 이끌어주리라 생각합니다.

루시 폴콘브리지 Lucy F. Faulconbridge **박사**
펜실베이니아 대학, 페렐만 의과대학, 체중 및 섭식장애 센터 심리학 임상 조교수

차 례

들어가기

들어가기

    내가 어떻게 하면 사람들의 고통을 덜어주고 삶을 보다 충만하게 살도록 도와줄 수 있을까? 이러한 질문이 저로 하여금 심리치료자가 되도록 만들었습니다. 제가 석사과정 학생으로서 그 해답을 발견했을 당시가 지금도 기억납니다. 어느 날 저녁 늦게 도서관에서 무언가에 대해 읽고 있었는데 그게 바로 인지행동치료Cognitive Behavioral Therapy(CBT)라고 불리는 접근이었습니다. 그러한 공부를 하는 과정에서 저는 우리에게 효과가 없는 생각과 행동들을 더욱 좋은 효과를 내는 새로운 생각과 행동으로 바꿀 수 있도록 CBT가 우리를 어떻게 도와줄 수 있는지 배우게 되었습니다.

    이러한 치료 접근이 매우 합리적이고 치료자와 내담자 사이에서 매우 협동적이며 도움을 구하는 이들을 매우 존중하는 방식으로 느껴졌습니다. CBT는 무언가 부러진 곳을 치유하기 위하여 우리 안의 온전한 무언가를 우리가 활용할 수 있다는 암묵적인 가정을 지니고 있어서 저의 인본주의적 경향에 깊이 와 닿았습니다. CBT 프로그램들은 매우 잘 검증되어 있어서 많은 사람을 도울 수 있다는 것을 확신할 수 있었습니다. 저의 치료자로서의 홈베이스를 발견했다는 사실을 바로 알아차렸지요.

석사과정 이후에 저는 CBT에 특화한 훈련을 더 많이 받고 싶었습니다. 그래서 박사과정으로 펜실베이니아대학을—가장 잘 검증된 인지행동 치료기법들을 다수 개발한 학교인—선택하였습니다. 그 이후 12년간 저는 박사과정생으로서 또 그 대학의 교원으로서 CBT를 공부하고 실행하고 연구하였습니다. 저는 해를 거듭하면서 사람들로 하여금 그들 삶의 주요 방해물들을 깨뜨려 나아가도록 도와주는 CBT의 힘을 절감하였습니다.

제가 미처 예상치 못했던 사실은 CBT의 원리가 저 개인적으로도 얼마나 유용한가 하는 것이었습니다. 삶은 우리 모두에게 어려운 것이고, 저도 역시 공황발작, 우울한 기분, 불면증, 불안, 스트레스, 그리고 커다란 실망감을 맛보았습니다. 저는 CBT의 도구들이 내담자를 위해서뿐만 아니라 치료자를 위해서도 유용하다는 사실을 알게 되었습니다.

저는 치료의 다른 측면들에 대해서도 경험하였습니다. 우리에게 귀를 기울여주고, 우리의 관점을 타당화해주고, 필요할 때는 우리에게 부드럽게 도전해주며, 우리가 무엇이든 말할 수 있고 우리의 있는 모습 그대로 받아들여질 수 있는 공간을 제공해주는 누군가가 있다는 사실이 매우 소중함을 저는 잘 알고 있습니다. 당신에게 좋은 치료자가 있다면 제가 무슨 말을 하고 있는지 아실 겁니다.

저의 치료실에 오는 사람들의 상당수는 그전에도 심리치료를 받은 경험이 있습니다. 아마도 자신의 아동기를 탐색하고 가장 가까운 관계에서의 패턴들을 파악하며 소중한 통찰을 얻었을 것입니다. 그들에게 그러한 치료가 매우 도움이 되었고 때로는 생명을 구하기도 하였을 것입니다. 하지만 그들이 CBT 치료자를 찾아온 것은 몇 가지 이유에서 아직 자신들이 원하는 변화를 만들어낼 수 없었다는 사실 때문입니다.

그들은 아마도 불편한 상황을 회피하는 자신의 습관을 깨뜨리지 못했을 수 있습니다. 또는 끝없는 걱정으로 계속해서 고통받고 있는 중일 수도 있습니다. 또는 습관적인 자기비난을 멈추지 못한 것일 수도 있습니다. 그들이 종종 찾고 있는 것은 자신들이 잘 알고 있는 문제를 다룰 도구와 기술입니다. CBT는 우리의 통찰이 실질적인 변화로 탈바꿈하게끔 도와줄 수 있습니다.

저는 가능한 한 많은 사람들이 자신들의 어려움을 다룰 만한 것으로 만들어주는 CBT의 힘을 경험해 보시기를 바랍니다. 안타깝게도 많은 사람들이 단기간에 높은 효과를 내는 심리치료가 가능하다는 사실을 정말 모르고 있습니다. 이 책은 그러한 앎이 필요한 분들에게 보다 도움이 되게끔 하고 싶은 노력의 일환입니다.

이 책의 집필 목표는 불안과 우울을 경감시키도록 도와주는 기술들을 소개하는 것입니다. 만약 당신이 기존의 CBT 책들을 보셨다면, 이 책이 여러 가지 측면에서 뭔가 다르다는 사실을 발견하셨을 수도 있습니다. 저는 책 내용에 불필요한 정보는 제공하지 않으면서도 당신의 삶에 쉽사리 연결하여 적용해볼 수 있도록 만들려고 노력하였습니다.

저는 또한 관련 주제들을 일주일씩 진행할 수 있게끔 7주 프로그램으로 구성하였습니다. 왜 7주일까요? 이 책의 구성은 제 내담자들에게 치료를 진행하는 구조와 유사합니다. 초기 회기(들)에서 우리는 의지할 만한 치료계획을 개발하고, 그 이후 몇 회기에 걸쳐 CBT의 기본기술들을 익히는 작업을 합니다. 나머지 치료작업은 이러한 기술들을 적용하는 일에 집중됩니다. 이 책은 동일한 방식으로 설계되었습니다. 당신에게 필요한 기술들을 가능한 한 빨리 습득하도록 하고, 이어서 그러한 기술들을 당신 스스로 계속해서 활용하게끔 하는 방식입니다. 달리 말하자면, 당신 자신의 치료자가 되는 길을 배우는 것입니다.

CBT는 지금까지 수많은 사람들이 더 나은 삶을 살 수 있도록 도왔습니다. 모든 사람이 CBT에서 유익을 얻을 수 있을까요? 아마도 아닐 겁니다. 하지만 저는 CBT 작업이 잘 진행되는 사람들이 다음 세 가지를 해낸다는 사실을 발견하였습니다. 첫째, 그들은 치료실에 나타납니다(치료작업에 일관되게 참여한나는 것은 좋은 일입니다). 둘째, 그들은 건강한 회의주의를 품습니다. 치료작업에 대해 '충실한 신자'가 되는 일이 치료에서 유익을 얻기 위하여 필수적인 것은 아닙니다. 끝으로, 그들은 새로운 무언가를 기꺼이 시도해보려고 합니다.

저는 당신도 이렇게 해보도록 초대합니다. 여기서 '치료실에 나타난다는 것'은 우리의 작업에 당신이 온전한 주의를 기울이고 마음을 낸다는 것을 의미합니다. 왜냐하면 당신 역시 스스로에 대해 똑같은 의무를 지고 있기 때문입니다. 저는 당신이 이와 같은 계획에 적극적으로 뛰어들어 치유의 과정에 참여하면서 이 계획이 당신에게 효과가 있는지를 살펴보시길 바랍니다. 당신이 이렇게 하신다면, 제 생각에 당신은 CBT에서 커다란 유익을 얻은 다른 수많은 분들과 함께하게 될 것입니다.

시작해볼까요.

제1부

본격적인 시작 전에

우리의 7주 프로그램에 뛰어들기 전에
인지행동치료CBT에 대하여 약간 알아두는 것이 도움이 될 겁니다.
CBT가 무엇인지, 어디서 시작된 것인지,
그리고 어떻게 활용되는지에 대해서입니다.
어떠한 상황에서 CBT가 가장 효과적으로 적용될 수 있는지에 대한
감을 갖는 것 역시 도움이 될 것입니다.

제1장

인지행동치료CBT와 친해지기

이번 장에서는 CBT에 대하여 설명합니다. CBT가 어떻게 하여 개발되었는지에 대한 내용도 포함됩니다. 그리고 치료자들이 CBT를 적용하는 방식에 대하여 논합니다. 또한 CBT가 제공하는 효과에 대해서도 검토할 것입니다. 이번 장이 마무리될 무렵에는 CBT의 중요한 목표가 무엇인지 그리고 강력한 효과를 내도록 하는 게 무엇인지 알게 됩니다.

먼저 테드Ted의 경험을 살펴볼까요.

테드는 차가운 봄날 아침에 숲길을 걷고 있습니다. 벗나무와 목련이 완연히 꽃을 피우고 있습니다. 그리고 나무들 사이로 비치는 따뜻한 햇빛을 느낍니다.

테드는 걷다가 목재로 지어진 보행자 전용 다리와 마주치게 됩니다. 다리는 넓고 단단해 보이고, 길이는 학교 버스와 거의 비슷한 정도입니다. 다리 아래에 흐르고 있는 시냇물에서 약 9~12미터 높이에 있습니다.

테드는 다리 가까이 갔을 때 가슴과 배가 갑자기 조여오는 걸 느낍니다. 다리 아래 시냇물을 내려다보자마자 약간 어지러워집니다. 공기가 부족한

듯이 느껴집니다. "난 못하겠어."라는 생각이 듭니다. "이 다리를 건널 수 없겠는데." 자신이 고대했던 경치가 있는 곳까지 이어지는 오솔길이 펼쳐져 있는 다리 건너편을 바라봅니다.

테드는 마음을 가라앉히려고 애쓰는 가운데 이런 일이 왜 일어나는지 궁금해집니다. 테드는 예전에는 다리를 건너는 데 문제가 없었습니다. 얼마 전에 심한 뇌우雷雨 속에서 거대한 현수교를 건너다가 교통 정체로 오도 가도 못했던 경험을 하기 전까지는 말입니다. 이제는 이러한 발작attack이 종종 일어납니다.

테드는 좀 진정이 된 다음에 다시 그 다리를 건너려고 용기를 끌어모아 봅니다. 몇 발자국 걸어 들어간 다음 공포감에 압도되어 다시 뒤로 물러섭니다. 실망을 느낍니다. 이제 자신의 차를 향해 돌아섭니다.

만약 테드가 20세기 전반기에 치료를 받으려고 했다면, 지그문트 프로이트에 의해 개척되고 그의 추종자들에 의해 더욱 발전된 정신분석이라는 치료를 받게 되었을 겁니다. 정신분석은 마음(정신)에 대한 프로이트 학파의 이해에 기초하고 있고, 다음과 같은 교의敎義, tenets를 내걸고 있습니다.

• 삶의 초기 경험은 성격을 결정하는 강력한 요소이다.
• 마음의 중요한 부분들은 우리의 의식적인 자각 밑의 깊숙한 곳에 '묻혀' 있다.
• 욕망과 공격성이라고 하는 우리의 동물적인 추동은 우리의 의식과 전쟁 상태에 있고, 불안과 내적 갈등을 초래한다.

프로이트는 아동기에 뿌리를 둔 무의식적인 내적 갈등을 이해하고 다루기 위한 하나의 방법으로서 정신분석을 의도한 것입니다.

테드가 정신분석 회기에서 아마도 카우치에 누워서 대부분의 시간 동안 얘기를 하는 가운데 간간이 정신분석가는 코멘트를 하거나 질문을 하였을 겁니다. 그는 분석가의 안내를 받으면서 다리가 상징하는 것이 무엇인지 탐색할 수도 있습니다. 예를 들면, 그의 아동기의 어떤 것들이 다리와 연관되어 있는 것일까? 그의 엄마와 아빠는 탐험을 격려하였는가, 아니면 '용감한 것'과 "엄마 가까이 있는 것"에 대해 혼란스러운 메시지를 주었는가?

프로이트에 따르면, 어느 시점이 되면 치료에서 분석가를 향한 테드의 감정을 다룰 수도 있습니다. 그러한 감정들은 초기 관계(특히 그의 엄마나 아빠와의 관계)에서 '전이된transferred' 것으로 해석될 수 있습니다. 테드는 매주 4일씩 몇 년에 걸쳐 자신의 정신분석가를 만나게 될 수도 있습니다.

장기 치료에 대해 한 가지 덧붙이자면, 정신분석이 얼마나 좋은 효과를 내는지에 대한 증거는 불충분하였습니다. 따라서 테드는 효과가 있는지 알지 못한 가운데 치료에 몇 년을 보낼 수도 있습니다. 이후에 심리치료 분야에서의 발전은 이러한 단점들을 다루고자 하였습니다.

CBT의 간략한 역사

20세기 후반부에는 테드가 경험하는 공포 유형에 대해 매우 다른 접근 방식으로 다루고 있습니다. 저술가와 연구자들은 처음에는 동물 행동 분야에서, 나중에는 인지 또는 사고 영역에서의 최근 과학의 발견들을 활용하는 치료 양식을 만들고자 하였습니다. 치료의 세 가지 형태를 각각 살펴보면서 이러한 치료 양식들이 어떻게 바뀌고 또 합쳐졌는지 보겠습니다.

행동치료

동물들의 학습 및 행동에 대한 심도 있는 과학적 연구는 20세기 초에 개발되기 시작하였습니다. 먼저 이반 파블로프는 동물들이 두 가지 상황의 결합에 대해 어떻게 배우는지를 발견하였습니다. 그가 1906년에 연구한 바에 따르면, 실험자가 벨을 울리고 나서 개에게 음식을 주는 것을 몇 회 반복하고 나면, 개는 벨 소리를 듣기만 해도 침을 흘리곤 하였습니다. 개는 벨 소리가 음식이 오고 있다는 신호임을 학습하였습니다.

몇십 년 후 B. F. 스키너와 같은 과학자들은 행동이 어떻게 조형되는지 발견하게 되었습니다. 우리로 하여금 어떤 일들을 할 가능성을 더 높이는 건 무엇일까, 그리고 다른 어떤 일들을 할 가능성을 보다 낮추는 건 무엇일까? 이런 의문에 대한 답이었습니다. 그 결과는 이제 잘 알려져 있습니다. 어떤 행동에 벌을 주면 멈추게 되고, 또 어떤 행동에 보상을 주면 고무하게 되는 것입니다. 파블로프와 스키너 그리고 그들의 동료들은 연구 결과를 종합하여 동물 행동—인간 행동 포함—에 영향을 끼치기 위한 도구들을 제공하였습니다.

20세기 중반의 행동과학자들은 이러한 원리들을 정신건강을 위하여 활용할 커다란 기회로 보았습니다. 카우치에 누워 여러 해를 보내는 대신, 행동치료 작업에 몇 회기를 집중하면 사람들이 불안과 다른 문제들을 극복하도록 도울 수도 있겠다는 것입니다.

아마도 행동치료behavioral therapy의 가장 잘 알려진 선구자는 남아프리카의 정신과 의사 조지프 월피Joseph Wolpe일 겁니다. 그는 체계적 둔감화 systematic desensitization라고 불리는 행동기반 불안 치료기법의 선구자입니다. 월피의 공동연구자이자 같은 남아프리카 출신인 아놀드 라자루스는 행동치료를 보다 포괄적인 접근과 통합하는 '중다양식multimodal' 치료를 설계하였습니다.

이러한 행동치료자와 다른 행동치료자들은 테드의 고투를 어떻게 설명하고 어떻게 치료하려고 할까요? 그들은 다음과 같이 얘기할 수 있을 겁니다.

음, 테드 씨, 다리를 무서워하는 걸 학습하신 것 같군요. 아마도 다리에 대한 무서운 경험을 했는데 이제 다리와 위험을 연결[연합]하고 계신 것 같군요. 당신은 다리에 접근할 때마다 공황에 빠지기 시작하는데, 최소한 거북함을 느끼고 계시죠. 그러한 상황을 벗어나려고 애쓰시는 게 이해할 만합니다.

벗어날 때마다 당신은 안도감을 느끼게 되고—끔찍하게 느껴지는 뭔가를 피했으니까요—그래서 회피하는 게 당신에게는 보상을 가져다주지요. 회피가 단기적으로는 더 낫게 느껴지겠지만, 다리를 건너갈 수 있게 해주지는 못합니다. 그러한 보상이 회피의 습관을 강화하니까요.

당신이 준비되면 우리가 할 게 있습니다. 우리는 당신에게 두려움을 촉발하는 상황들에 대한 목록을 만들어볼 겁니다. 그리고 각 활동이 얼마나 힘든 것이 될지에 대해 점수를 매겨볼 겁니다. 그리고 나서 우리는 그 목록에 있는 것들을 체계적으로 실행해볼 겁니다. 즉, 보다 쉬운 것들에서 시작하여 보다 어려운 것들까지 해나가는 거죠. 당신이 자신의 두려움을 마주하게 되면 두려움은 줄어들게 됩니다. 다리를 보다 편안하게 느끼는 데 그리 오래 걸리지 않을 겁니다. 다리가 실제로는 그렇게 위험하지 않다는 사실을 당신의 뇌가 학습하게 될 테니까요.

테드의 치료자가 테드의 어린 시절이나 무의식적 갈등을 언급하지 않았다는 사실에 주목하시기 바랍니다. 치료자는 테드를 가로막는 행동에 초점을 맞추었고, 그러한 행동을 변화시켜서 테드의 상태가 좋아지도록 하는 데 집중하였습니다.

인지치료

단기 치료의 두 번째 흐름은 1960년대와 1970년대에 개발되었는데, 우리의 감정과 행동을 추동하는 사고의 힘을 강조하였습니다.

일반적으로 인지치료cognitive therapy의 아버지로 간주되는 두 사람은 무척이나 달랐습니다. 앨버트 엘리스Albert Ellis는 직면적이고 불경한 스타일의 심리학자였다면, 정신과의사인 아론 벡Aaron Beck은 이와 달리 평생 학구적인 사람이고 나비넥타이를 즐겨 맵니다. 하지만 어쨌든 두 사람은 놀라울 정도로 유사한 치료를 서로 독립적으로 개발하였습니다.

인지치료의 전제는 불안·우울과 같은 장애가 우리의 생각(사고thoughts에 의해 추동된다는 것입니다. 우리가 어떻게 느끼는가를 이해하기 위해서는 우리가 무엇을 생각하고 있는지 알아야 합니다. 우리가 압도적인 불안으로 고통을 겪고 있다면, 우리의 사고는 아마도 위험으로 가득 차 있을 겁니다.

예를 들면, 테드가 다리를 보고서 극심한 공포를 느꼈다면, 그의 경험은 이런 것입니다.

다리 → 공포

인지치료의 관점에서 보면 여기에는 핵심적인 단계가 빠져 있습니다. 그것은 다리가 무엇을 상징하는지에 대한 테드의 해석입니다.

다리 → "난 통제력을 잃고 다리 밑으로 떨어지고 말 거야." → 공포

테드가 지닌 신념에 비추어 볼 때 그의 공포는 충분히 납득할 수 있습니다. 이는 그의 사고가 정확하다는 의미가 아니라 그가 생각하고 있는 게 무엇인지를 우리가 이해한다면 그가 왜 두려움을 느끼는지 쉽게 이해할

수 있다는 뜻입니다.

우리는 우울할 때 종종 절망적이고 자기패배적인 생각을 하고 있습니다. 다시 말해서, 인지치료에서는 우리의 사고가 기분 저하에 어떤 기여를 하고 있는지를 파악하는 일이 중요합니다. 예를 들면, 잰Jan은 다음과 같은 경험을 할 수도 있습니다.

운전 중에 경적소리를 듣게 됨

→ 그날 하루 종일 좋지 않은 기분에 젖게 됨

실제로 잰의 기분을 가라앉게 몰아간 것은 경적소리를 들은 것 때문이 아니라, 그것이 의미하는 바에 대해 스스로에게 들려주는 이야기 때문이었습니다.

운전 중에 경적소리를 듣게 됨

→ "난 뭐든지 제대로 하지 못해."

→ 그날 하루 종일 좋지 않은 기분에 젖게 됨

다시 말해서, 무슨 생각을 하고 있는지 알게 되면 감정 반응을 납득할 수 있습니다.

우리의 생각과 느낌[감정]feelings은 손에 손을 잡고 다닙니다. 인지치료의 핵심적인 통찰은 바로 우리가 생각하는 방식을 바꿈으로써 우리의 느낌과 행동을 바꿀 수 있다는 것입니다.

인지치료자가 테드에게 어떤 식으로 말할 수 있는지 살펴봅시다.

당신의 마음은 다리가 얼마나 위험한지에 대해 과대평가하고 있는 것 같군요. 당신은 다리가 잘못되거나 자신이 너무 겁을 집어먹게 되어 다리 난간 밖으로 자신을 집어던지는 것과 같은 뭔가 충동적인 일을 벌일 거라고 믿고 있네요.

당신과 함께 제가 해보고 싶은 일은 증거를 찾아보는 겁니다. 우리는 당신이 다리에 대해 느끼는 만큼 다리가 그렇게 위험한지 아닌지 알아볼 수 있습니다. 여러 연구와 당신의 경험과 우리가 함께 작업할 실험을 통해서 필요한 데이터를 어느 정도 모을 수 있을 겁니다. 예를 들어, 실제로 다리에 올라가 보고 그게 어렵긴 하지만 해낼 만하다는 사실을 발견할 수 있습니다. 그리고 당신이 두려워하는 것이 실제로 일어나는지 확인해볼 수 있습니다.

다리가 문제없다는 사실, 그리고 당신이 충동에 따라 행동해서 뭔가 끔찍한 일이 일어날 가능성이 실제로는 없다는 사실을 아주 빠르게 학습할 기회가 됩니다. 당신의 마음이 실제적인 위협에 대해 적절히 추정하게 되면서 다리에 대해 보다 편안히 느끼게 되고 당신이 원래 살아가던 방식으로 돌아갈 수 있게 될 것입니다.

인지행동치료: 필연적인 통합

테드에 대한 행동치료와 인지치료의 대목을 읽으면서 당신도 완전히 다른 건 아니라는 생각을 할 수도 있습니다. 당신이 맞을 겁니다. 즉, 우리의 사고와 행동은 연결되어 있습니다. 이쪽에 대한 변화 없이 다른 쪽에 영향을 미치는 일은 상상하기 어렵습니다.

행동치료와 인지치료는 동일한 목적을 공유하고 있고 종종 유사한 도구를 사용합니다. 치료의 명칭이 인지와 행동 양측면을 포함하는 방향으로 바뀐 사실은 매우 중요합니다. 벡과 엘리스는 각자 자신의 고유 치료기법에 '행동'이라는 단어를 추가하였습니다. 이러한 취지는 전문가 기구에도 반영되어 이전의 미국행동치료학회는 이제 행동인지치료학회Association for Behavioral and Cognitive Therapies가 되었습니다.

주의 만약 당신이 심각한 우울증으로 고통을 겪고 있거나, 스스로를 해치려는 생각을 하고 있거나, 여타 주요한 정신건강 문제를 경험하고 있다면, 심리학자나 정신과

의사나 여타 정신건강 전문가에게 연락하십시오. 만약 당신이 정신과적 응급상황이나 의료적 응급상황에 있다면 119에 전화하거나 가까운 병원의 응급실로 가십시오.

요약하면, 통합integration은 CBT에서 표준적인 접근이 되었습니다. 통합은 우리가 이 실습서에서 취하는 접근방식입니다. 우리는 사고, 감정, 행동이 어떻게 연관되어 있는지 이해하기 위한 작업을 할 것입니다. 이러한 요소들의 도표는 다음과 같습니다.

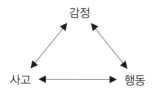

각 요소는 다른 두 요소에 영향을 끼칩니다. 예를 들면, 우리가 불안을 느낄 때 위험에 대해 생각하는 경향이 있고 두려워하는 것을 피하고자 합니다. 아울러 우리는 뭔가가 위험하다고 생각할 때 그것을 두려워하면서(감정) 피하고(행동) 싶어 합니다. 테드가 자신의 치료자와 함께 완성한 아래의 도표를 살펴보시기 바랍니다.

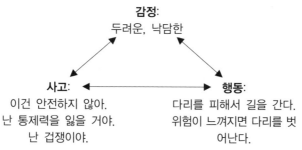

강렬한 감정—아마도 불안이나 슬픔—을 느꼈던 상황을 생각해보세요. 아래 공간에
그 상황을 간략하게 묘사해보세요.

....

....

....

....

....

....

....

....

....

....

....

....

....

....

....

....

....

아래의 도표를 활용하여 당신이 느꼈던 감정들, 기억나는 당시 생각들, 그리고 그때 했던 행동들을 적어보세요.

내가 느낀 것들

....

....

....

....

....

....

....

....

내가 생각한 것들   내가 행한 것들

....

....

....

....

....

....

....

당신의 감정, 생각, 행동 사이의 어떤 연결점들을 알아차릴 수 있나요? 화살표를 이용하여 그러한 연결을 도표 안에 그려보세요. 우리는 이 책 전반에 걸쳐 이러한 연결 모델로 아주 여러 번 반복할 겁니다. 하지만 우선 CBT에 특별한 느낌을 부여하고 매우 효과적인 결과를 가져오는 주요 원리들을 자세히 살펴봅시다.

CBT의 원리

CBT는 많은 방식에서 다른 심리치료와 비슷합니다. 그중 하나는 치료자와 내담자가 지지적인 관계를 맺는 것입니다. 효과적으로 작업하는 CBT 치료자들은 내담자들에게 긍정적인 태도를 갖고 있고 내담자들이 세상을 바라보는 방식을 이해하려고 애씁니다. 다른 성공적인 치료기법들과 마찬가지로 CBT 역시 매우 인간적인 시도입니다. 동시에 CBT 자체의 특징적인 접근방식이 있습니다. 다음은 CBT를 정의하는 주요한 원리들 중 일부입니다.

CBT는 시간제약적입니다

치료에서 시간제약을 두지 않을 경우, 우리는 자신에게 이렇게 말할 수 있습니다. "난 언제나 다음주에 작업할 수 있어." 하지만 CBT는 가능한 가장 짧은 시간 내에—일반적으로 10~15회기 내에—최대의 유익을 제공하고자 설계되었습니다. 이렇게 하면 비용뿐만 아니라 사람의 고통을 최소화할 수 있습니다. 또한 보다 짧은 치료과정은 동기를 불러일으켜서 치료에서 최대한의 것을 얻어낼 수 있도록 노력을 집중할 수 있게 해줍니다.

CBT는 증거에 기반하고 있습니다

CBT 치료자들은 연구를 통해 충분히 검증된 기법들을 사용합니다. 이러한 연구에 근거하여 치료자들은 주어진 조건에서 치료작업이 얼마나 걸릴지, 그리고 내담자가 유익을 얻을 가능성이 얼마나 있는지 추정할 수 있습니다. CBT 치료자들은 또한 어떤 게 효과가 있고 어떤 게 효과가 없는지 알기 위하여 치료작업 동안 데이터를 수집하여 이에 따라 작업을 조정할 수 있습니다.

CBT는 목표지향적입니다

CBT는 오직 당신의 목표들을 향하여 움직여가는 것을 의미합니다. 그러므로 당신은 치료작업이 당신의 목표들을 다루고 있는지에 대하여, 그리고 그러한 목표들을 향하여 당신이 얼마나 진전을 이루어가고 있는지에 대하여 좋은 감각을 지녀야 합니다.

CBT는 협력작업입니다

CBT 치료자를 '고쳐주는 일'을 하는 사람으로 생각하기 쉽습니다. 이러한 관점은 도움을 구하는 사람들의 전형적인 방식과 일치합니다. 예를 들어, 외과 의사가 당신의 부실한 무릎을 고치기 위한 수술을 집도하는 경우가 그렇습니다. 하지만 CBT는 사람에게 그런 식으로 실행될 수 없습니다. 우리는 그 대신 치료자는 CBT에 대한 전문가이고 내담자는 그들 자신에 대한 특별한 지식을 갖고 있다고 봅니다. CBT 작업에서 성공하기 위해서는 이러한 두 가지 관점을 한데 모아서 치료를 내담자의 필요에 맞추어야 합니다. 동일한 방식으로 당신과 저 역시 이 실습서를 통해 협력할 것입니다. 저는 CBT 기법들을 제공할 것이고, 당신은 자신의 목표에 맞게 그 기법들을 맞춤 적용할 것입니다.

CBT는 구조화되어 있습니다

CBT와 관련하여 당신이 어디를 향하고 있는지 그리고 어떻게 그곳에 가닿을지에 대하여 유효한 개념을 갖추는 것에 대해 생각해야만 합니다. CBT는 분명한 목표를 설정하고 로드맵과 같은 치료계획을 설계하면서 시작됩니다. 그러한 지도를 갖게 되면 우리가 목표를 향해 움직이고 있는지를 알 수 있을 것입니다. CBT의 구조는 CBT 자체에 기반하여 구축되며, 치료 초기의 회기들sessions은 이후의 회기들의 토대가 됩니다. 예를 들면,

이 프로그램의 3주차에서 우리는 도움이 되지 않는 사고를 어떻게 파악할 것인지에 대하여 대화를 나눌 것이고, 4주차에는 그러한 사고를 어떻게 바꿀 것인지에 대하여 작업할 것입니다.

CBT는 현재에 초점을 맞춥니다

다른 치료들과 비교하여 CBT는 과거의 사건들보다는 현재 무슨 일이 진행되고 있는지를 다루는 데 더 많은 시간을 사용합니다. 이는 CBT 치료자가 과거를 무시하거나 어린 시절 사건들을 관련성이 없는 것으로 취급한다는 얘기는 아닙니다. 그보다는 현재의 생각과 행동을 어떻게 변화시켜서 가능한 한 빨리 지속 가능한 안정을 가져오게 할지에 중점을 둔다는 의미입니다.

약물치료는 어떨까요?

많은 분들이 불안과 우울을 다루기 위하여 약물치료를 선택합니다. 약물치료를 심리치료와 함께 받기도 하고 아니기도 합니다. 플루옥세틴fluoxetine(프로작Prozac)이나 설트랄린sertraline(졸로프트Zoloft)과 같은 선택적 세로토닌 재흡수 억제제selective serotonin reuptake inhibitors(SSRIs)가 우울에 대해 가장 흔히 처방되는 약물입니다. 그리고 이러한 약물들은 불안에 대해서도 처방됩니다. 다른 약물들은 종종 불안에 대해 처방되는데, 특히 클로나제팜clonazepam(클로노핀Klonopin)과 같은 벤조디아제핀benzodiazepines이 그러합니다.

몇몇 약물은 CBT만큼 실제로 효과를—최소한 약물을 복용하는 동안—낼 수 있다는 사실이 실험 연구를 통해 밝혀졌습니다. 추적follow-up 기간을 가진 연구들에서는 CBT가 재발을 방지하는 측면에서는 더 낫다는 연구 결과가 상당수 나오고 있습니다. 예를 들어 할런Hollon과 그의 동료들에 의한 2005년 연구에서는, 항우울제 약물에 비하여 CBT 처치를 받음으로써 우울증이 재발하는 위험을 85%까지 낮추었다는 사실을 발견하였습니다.

정신과 약물치료에 관심 있는 분들은 치료 경험이 풍부한 의사와 상담을 하셔야 합니다.

CBT는 능동적인 치료법입니다

CBT는 "소매를 걷어붙이고 뛰어드는" 그런 치료기법입니다. 즉, 명확히 정의된 목표를 정면으로 다루는 것을 강조하는 치료법입니다. 치료자와 내담자 모두 그러한 과정에 능동적으로 참여하는 것입니다.

CBT는 기술 지향적입니다

CBT를 통하여 우리는 마주한 문제들을 제대로 다룰 기법들을 배우고, 우리 스스로 그 기법들을 익혀서 치료작업이 끝날 때 우리 것으로 가져갑니다. CBT를 접하는 사람들은 종종 이렇게 말합니다. "제 마음이 스스로를 속이는 게임을 하고 있다는 걸 이제는 좀 알겠어요." "제 생각이 정말 진실인지 아닌지 이제는 검증해볼 수 있습니다." "불안을 받아들이는 걸 점점 더 잘 해나가고 있어요."

CBT는 실습을 강조합니다

치료작업은 대부분 일주일에 한 시간 진행됩니다. 즉, 일주일에 167시간은 치료자와 떨어져 있는 것입니다. 그리고 치료에 참여하는 내담자는 새로 배운 기술들을 통해 최대한의 유익을 얻기 위하여 회기와 회기 사이에 새로운 기술들을 실습practice해야 합니다. 회기와 회기 사이에 실습을 많이 하는 사람일수록 CBT 작업을 잘 해낸다는 사실을 많은 연구가 보여주고 있습니다.

지금까지 우리는 CBT의 기본적인 사항들과 그 연원에 대하여 살펴보았습니다. 지난 수십 년간 연구자들은 CBT의 치료기법들을 임상에서 검증해왔습니다. 이제부터 그들이 발견한 사실들을 살펴보겠습니다.

CBT는 얼마나 좋은 효과를 낼까요?

광범위한 문제들에 대한 CBT의 효과성을 수백 편 이상의 연구에서 검증해왔습니다. 다행히도 우리가 그 핵심 골자를 알기 위하여 CBT와 관련된 모든 연구를 읽어볼 필요는 없습니다. 연구자들은 메타분석으로 알려진 방법에서의 정교한 통계를 활용하여 유사한 연구들을 하나의 단일 연구로 결합할 수 있습니다.

메타분석들에 따르면 CBT가 불안, 우울, 그리고 여타의 문제들을 치료하여 강력한 효과를 낸다는 사실을 일관되게 밝히고 있습니다. 그리고 이러한 효과들은 단순히 시간의 경과에 따라 예상하게 되는 호전의 정도를 넘어서는 것입니다. 왜냐하면 그러한 효과가 대기자 통제 조건waiting list control condition을 포함하는 연구들에서 확인되었기 때문입니다. 예를 들면, 60명이 치료 연구에 등록하였다면, 그중 30명은 즉시 10주간의 치료를 시작하게 되고, 나머지 반은 10주간 치료를 지연해서 받게 됩니다. 연구팀은 첫 10주 뒤에 각 집단의 증상을 비교합니다.

연구자들은 또한 CBT가 실제로 도움이 되는지 여부, 아니면 연구참여자들이 자신들이 효과적인 치료를 받고 있다는 생각만으로 나아지게 되는 것인지에 대해 연구합니다. 이러한 의문에 답하기 위하여 과학자들은 플라시보 알약—의료적 효과를 전혀 포함하지 않는 약—을 활용하는데, 이는 단지 환자가 자신이 치료를 받고 있다고 생각하기 때문에 자신이 호전되리라고 기대하는 것들에 대하여 통제하는 것입니다.

CBT는 여타 심리치료들에 대하여 얼마나 견줄 만한 것일까요? 효과에 대해 강력한 지지를 받는 프로그램들의 압도적인 다수가 사실상 CBT라고 할 수 있습니다. 예를 들면, CBT만이 공황장애, 성인의 주의력 결핍 과잉행동 장애(ADHD), 공포증, 그리고 강박장애 분야의 치료 연구에서 강력한 지지를 얻고 있습니다. 몇몇 다른 종류의 심리치료 또한 효과를 보이지만, 덜 구조화하고 시간제약이 덜한 치료들보다 CBT가 훨씬 더 효과적이라는 증거가 있습니다. CBT 프로그램들의 증거 기반의 일부는 보다 자유로운 형식의 치료들보다 연구 진행에서 상대적으로 표준화와 검증이 쉽다는 사실에 기인합니다.

CBT 프로그램들이 단순 명확하다는 사실은 또한 치료실에서 자기주도 치료로 원활하게 전환되도록 해줍니다. 이 책과 인터넷 기반 CBT에서도 그렇습니다. 메타분석은 자기주도의 CBT가 불안과 우울 증상을 경감시킬 수 있음을 일관되게 보여줍니다.

자기주도 치료기법들이 그 자체로 효과적이기도 하지만, 연구에 따르면 어떤 사람들은 "안내받는 자기조력[자조自助]guided self-help"(전문가가 전화, 편지, 이메일, 또는 대면으로 진행하는 제한적인 관여)에서 더욱 많은 유익을 얻는다고도 합니다. 이러한 사유로 이 책은 독자인 당신 혼자서 활용할 수도 있고, 전문가의 안내를 받으면서 활용할 수도 있게끔 설계되었습니다.

이어지는 내용에서는 CBT 프로그램들이 왜 그렇게 효과적으로 작용하는지 살펴보도록 하겠습니다. 그렇게 하기 전에 잠시 시간을 내어 당신의 삶에서 특정한 변화를 이루고자 노력했던 어떤 시점에 대해 생각해 보셨으면 합니다. 예를 들어, 당신은 운동을 더 많이 하길 바랐거나, 뭔가 새로운 것들을 배우고 싶어 했을 수도 있습니다.

내가 이루고 싶었던 변화

....

....

....

....

....

....

....

이제 다음 세 가지 사항을 적어보시기 바랍니다.

1) 잘 진행되었던 것들
2) 잘 진행되지 않았던 것들
3) 당신이 맞닥뜨렸던 방해물들

....

....

....

....

....

....

....

CBT는 왜 효과가 있을까요?

CBT는 생각, 감정, 행동 사이의 관계들에 대한 몇 가지 기본적인 원리에 기반하고 있습니다. CBT가 치료 방법으로서 인정받은 것은 불과 수십 년 사이이지만, CBT가 기반하고 있는 원리들은 새로운 것이 거의 없습니다. 예를 들면, 그리스 철학자 에픽테토스Epictetus[1]는 거의 2천 년 전에 다음과 같이 적었습니다. "사람들은 상황 때문에 심란해지는 것이 아니라 상황을 받아들이는 관점 때문에 심란해진다." 아론 벡과 앨버트 엘리스는 본질적으로 동일한 취지로 저술하고 있습니다.

그렇다면 CBT는 수백 또는 수천 년 동안 전해온 기본적인 교의에 어떤 내용을 추가한 것일까요?

목표가 설정된 과제실습

우리가 불안하거나 우울할 때, 삶의 많은 영역들이 우리의 통제를 벗어나 있는 것처럼 느껴질 수도 있습니다. 우리의 에너지를 어디에 초점을 맞추기 시작해야 할지 알기가 힘들 수 있습니다. CBT는 우리가 어디서 시작하면 좋을지에 대한 아이디어를 제공하는 구조를 소개합니다. CBT는 모든 것을 한꺼번에 다루려고 하지 않습니다. 전형적인 CBT 회기는 한 가지 내지 두 가지 정도의 특정한 이슈에 초점을 맞춥니다. 회기들 사이에는 목표가 설정되어 있는 과제를 실습함으로써 보다 초점화된 노력을 기울일 수 있습니다.

---

1 'Epictetos'로도 쓰인다. 생몰 55년(추정)~135년(추정).

실행 효과

우리는 대부분의 시간 동안 새로운 것들을 배워서가 아니라 이미 알고 있는 것들을 실천함으로써 번영하게 됩니다. CBT의 원리들을 아는 것은 필수적이고, 그러한 원리를 실행하는 것은 성과를 만들어냅니다. 실습 프로그램에서도 마찬가지입니다. 신체 활동의 유익에 대한 지식은 도움이 됩니다. 하지만 우리가 유익을 얻는 것은 운동을 실제로 함으로써 가능한 것입니다. CBT는 우리의 목표를 향하여 나아가기 위한 계획을 계속해서 상기시켜주는 역할을 해줍니다.

악순환을 깨뜨리기

우리가 매우 불안하거나 우울할 때, 우리의 생각, 감정, 행동은 악순환을 일으키며 우리의 유익에 반하여 작동하는 경향이 있습니다. CBT는 이러한 악순환을 깨고 나올 수 있도록 도와줍니다. 우리가 더 나은 생각과 더욱 도움이 되는 행동을 실행함에 따라 우리의 사고와 행동을 긍정적인 방향으로 서로 강화하게 됩니다.

기술 습득

끝으로 CBT의 새로운 기술들을 배우고 익히는 일에 초점을 둠으로써 치료를 마칠 무렵에는 치료기법이 확실하게 자기 것이 될 수 있습니다. 우리가 새로운 도전에 맞닥뜨리게 될 경우, 그러한 도전과제를 다룰 수 있는 한 세트의 도구함을 지니고 있게 되는 것입니다. 따라서 CBT에서 얻은 유익은 치료 자체보다 훨씬 더 오래 지속됩니다.

이번 장에서 우리는 CBT의 간략한 역사와 더불어 기본적인 원리들과 효과를 내는 까닭에 대하여 살펴보았습니다. 이제 잠시 시간을 내어 자신에 대하여 점검해보시고, 자신이 배운 것들을 스스로의 삶에서 어떻게 적용할 수 있을지에 대하여 알아보세요. 자신의 생각과 감정을 써보면서 가능한 한 열린 마음이 되도록 주의를 기울여보세요. 여기에 당신의 시간을 약간 배정해보세요. 이러한 단계를 뛰어넘어 다음 장으로 뛰어들려는 충동을 견디어보세요. 당신이 이 작업을 마친다면, 우리는 2장에서 7주간의 치유 여정을 위한 계획 수립 작업을 계속해나갈 것입니다.

제2장

불안과 우울에 대해 알아보기

우리는 앞 장에서 CBT가 어떻게 그리고 왜 개발되었는지, 그리고 불안과 우울을 치료하기 위하여 어떻게 활용되는지에 대한 기본적인 사항들을 검토하였습니다. CBT에 있는 독특한 방식들—예를 들어, CBT는 매우 구조화되어 있고 핵심 기술들을 연마하는 데 초점을 두고 있다는 측면들—중 일부를 고려하였습니다.

이번 장에서는 불안과 우울이 정확히 무엇인지, 아울러 우리의 삶을 어떻게 파괴할 수 있는지에 대하여 다뤄볼 겁니다. 우선 불안에 대해서 시작해보죠.

개 공포증이 있는 멜

"무슨 일이야, 엄마?" 멜Mel의 딸은 자신의 손을 붙잡은 엄마의 손이 긴장하는 걸 느끼며 물었습니다. 어린 소녀는 뭔가 잘못되었다는 걸 느낄 수 있었습니다.

"아가야, 괜찮아." 멜은 별일 아닌 듯 들리게 하려고 애쓰며 대답하였습니다. "우린 길을 건너기만 하면 돼." 엄마가 네 살 먹은 딸에게 말하지 않은 것이 있는데, 그것은 그가 인도 저편 끝에 있는 개를 필사적으로 피하고 싶어 한다는 사실이었습니다.

어느 안마당에서 개가 뛰쳐나와 멜을 쫓아왔던 사건 이후로 그는 개가 자신을 공격하리라는 생각에 공포에 사로잡히곤 하였습니다. 그는 상처 입지는 않았지만, 견주가 그 개를 불러들이지 않았다면 틀림없이 자신을 물어뜯었을 거라는 생각이 들었습니다. 이제 그는 개를 보게 되면 심장이 쿵쾅거리고 식은땀을 흘리게 되고 가능하면 개를 피하게 됩니다.

CBT를 구성하는 틀 안의 요소들이 모두 여기에 들어 있습니다. 첫째, 멜은 개가 극도로 위험하다고 믿고 있습니다. 그러한 신념을 지닌 상태에서 개를 볼 때마다 그가 두려움을 느끼는 것은 전혀 이상하지 않습니다.

개를 본다 → 공포를 느낀다

우리가 CBT를 알고 있다면 다음과 같이 개입하고 있는 멜의 사고를 추가할 수 있습니다.

개를 본다 → "개는 위험해" → 공포를 느낀다

둘째, 멜은 개를 피합니다. 개를 피함으로써 자신이 느끼던 공포에서 벗어나 안도합니다. 어떤 측면에서는 그의 회피 행동이 효과를 보고 있습니다. 최소한 단기적으로는 그렇습니다. 불행히도 그러한 회피는 미래에도 개를 보면 달아날 가능성이 더 높게 만들고 있습니다.

멜은 개를 계속해서 피함으로써 만약 그가 개에게 접근한다면 무슨 일이 실제로 일어날지에 대하여 배울 기회가 전혀 없게 됩니다. 따라서 그의 회피

행동은 개가 위험하다는 자신의 신념을 강화합니다.

그의 공포가 행동에 영향을 미쳐서 개를 피하는 행동으로 몰아감으로써 순환고리가 완성됩니다. 그가 느끼는 공포는 또한 개가 위험하다는 자신의 신념을 강화시킵니다—"그렇지 않다면 제가 개를 그렇게 무서워하겠어요?"

개에 대한 공포 때문에 치료를 받으러 왔을 때 멜은 사고, 행동, 감정의 악순환에 갇혀 있었습니다. 우리가 전에 보았던 도표에 그려져 있던 것입니다.

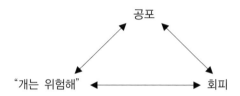

그가 이러한 순환고리를 깨도록 CBT가 어떻게 도와주는지 봅시다.

생각

멜은 치료자의 도움을 받아서 개에 대한 자신의 신념들과 그 근거를 확인합니다. 멜은 개가 공격할 가능성이 꽤 높다고 믿고 있었으며, 그 가능성을 25%로 추정하였습니다. 치료자는 멜이 개 주변에 있었던 모든 시간들, 그리고 멜이나 다른 누군가가 실제로 개에게 공격을 얼마나 많이 당했는지 생각해 보도록 권유하였습니다. 멜은 개와 수천 번 만났지만 개에게 쫓겼던 일은 딱 한 번이었다는 사실을 깨달았습니다.

"그러고 보니 지금까지 딱 한 번이었어요." 멜이 말했습니다. 그와 치료자는 그가 쫓겼을 때 무슨 일이 일어났는지 탐색해보았습니다. 개는 그저 멜과 함께 놀고 싶었을 수도 있습니다. 최소한 견주는 사과하면서 그렇게 설명하였습니다. 하지만 멜은 여전히 "만약에...?"라는 느낌을 지니고 있었습니다.

단지 멜의 생각을 바꾸는 것만으로는 그의 극단적인 공포를 제거할 수 없었다는 사실에 주의하는 것이 중요합니다. 그는 개 주변에 있을 때 공포가 그저 약간만 줄었다고 느꼈습니다. (당신은 이러한 경험에 공감이 갈 것입니다. 예를 들면, 비행기를 타는 것에 대한 공포가 있는 사람들 대부분은 비행기가 가장 안전한 여행 방법이라는 사실을 여전히 알고 있다는 것이죠.) 하지만 그는 이제 낮은 수준의 위험으로 보이는 조건[상황]에서는 기꺼이 자신의 두려움을 마주하려는 의지를 보입니다.

행동

그다음 멜과 치료자는 그가 다시 불편한 마음이 들 때까지 개 주변에 머물도록 실습할 수 있는 방법들을 목록으로 만들었습니다. 이러한 실습 과정은 노출exposure이라 불립니다. 그들은 아주 쉬운 실습들—개가 길 건너편 인도를 지나갈 때 멜은 그 반대편 인도에 머무는 것—과 함께 더욱 도전적인 실습들을 고안했습니다. 실습 목록의 최상위 단계는 독일산 셰퍼드나 로트와일러와 같이 크고 "무서운" 개를 견주가 허락한다면 어루만져보는 것이었습니다.

처음 실습 몇 가지는 나쁘지 않았습니다. 그리고 멜은 개에게 접근한 상태에서 쉽사리 편안해졌습니다. 에드나 포아Edna Foa와 여타 심리학자들이 논의하듯이, 개가 공격하지 않는다는 사실을 멜이 직접 경험하게 된 일은 개가 위험하다는 신념에 강력한 영향을 미쳤습니다. 그는 두려움을 덜 느끼게 되자 보다 어려운 노출을 시도해 보는 게 쉬워졌습니다.

이제 그의 사고, 행동, 감정은 그에게 나쁘게 작용하기보다는 그를 위하여 함께 어울려 작동하게 되었습니다.

치료가 끝날 무렵 멜은 불과 몇 회기만에 자신이 얼마나 많은 성취를 이루었는지 믿기 어려울 정도였습니다. 그는 공포에 직면할 수 있었던 스스로에 대하여 자부심을 느꼈습니다. 작은 개를 입양하여 치료자를 놀라게까지 했습니다. 치료 과정에서 개들 주변에 머무는 실습을 해감에 따라 그는 자신이 그들을 사랑스럽게 여긴다는 걸 알았습니다. 그는 여전히 모르는 개에 대해서는 적절한 조심성을 보이지만, 더 이상 그들을 두려워하거나 피하지 않습니다.

불안의 여러 측면들

불안은 유용할 수 있습니다. 우리가 맡은 바 책임을 다하게끔 불안이 온갖 방식으로 도와준다는 점을 생각해 보세요. 불안이 없다면 아침에 침실에서 일어나지 못할 수도 있습니다. 이 책을 끝내야 할 마감시한에 대한 불안이 없다면 저는 아마도 TV를 보거나 인터넷을 서핑하고 있을 수도 있습니다.

많은 상황들 속에서, 특히 어떤 사람이 만약 첫 번째 데이트나 직장 면접에서 최소한의 불안도 느끼지 않는다면 이상하다고 우리는 여길 겁니다. 우리는 그가 신경을 쓰지 않는다고 생각할 수도 있습니다.

　불안은 또한 위험으로부터 우리를 보호하고, 우리가 마음을 쓰는 사람들을 보호하도록 우리를 고무시킵니다. 예를 들어 불안은 부모로 하여금 수영장 가까이서 놀고 있는 자신의 아이들을 주시하도록 만듭니다. 요약하면, 불안은 우리가 생존할 수 있게 하고 생산적으로 되도록 하며 다음 세대에게 우리의 유전자를 전달하도록 돕습니다.

　그렇다면 불안은 어떤 경우에 장애disorder가 되는 걸까요? 미국의 정신건강 전문가들은 정신과 진단이 필요할 때 일반적으로 『정신질환의 진단 및 통계 편람(제5판)』(약칭 『DSM-5』)을 사용하여 결정합니다. 『DSM-5』는 다음과 같은 증상이 나타날 때 불안장애 상태인 것으로 기술하고 있습니다.

- 불안이 실제 위험에 비하여 지나친 경우. 흑색과부거미를 보았을 때 매우 두려워서 생길 장애의 발생 가능성은 집파리에 대한 두려움으로 장애가 생길 가능성보다도 적습니다.
- 불안이 특정 상황에서 여러 주 또는 여러 달 동안 일관되게 나타날 경우.

『DSM-5』는 어떤 진단이 가능하기 전에 불안이 현존해야 할 일정 기간을 포함합니다. 예를 들어, 공황장애로 진단되기 위해서는 해당하는 증상들이 최소한 한 달은 지속되어야 하지만, 범불안장애의 경우는 최소한 6개월간 나타나야 합니다.

- 불안으로 인하여 실제로 심란해하는 경우. 그저 어깨를 으쓱하고 할 바를 해나가지 못하는 경우입니다.
- 불안이 일상 활동을 방해할 경우. 예를 들면, 개에 대해 멜이 느낀 공포와 회피 행동은 집 밖에서의 일상적인 활동을 해내기 어렵게 만들고 있었습니다.

이제 성인들이 경험하는 불안의 주요 유형들을 『DSM-5』의 기준에 따라서 검토해보도록 하겠습니다.

특정 공포증

특정 공포증specific phobia은 일정한 대상이나 시나리오에 대한 지나친 불안 그리고 강렬하고 때론 비합리적인 두려움과 관련됩니다. 사람들은 실제로 거의 모든 것에—거미에서부터 주사 맞는 것과 어릿광대에 대해서까지—공포증을 가질 수 있습니다. 『DSM-5』에 따르면 어떤 공포는 매우 흔히 보입니다. 여기에는 동물들, 높은 곳이나 폭풍과 같은 어떤 '자연 환경들', 그리고 비행기나 승강기를 타는 것과 같은 상황들이 포함됩니다. 때때로 나쁜 경험이 공포를 느끼게도 합니다(개에 대한 멜의 두려움). 하지만 많은 경우 우리는 원인을 파악할 수 없습니다. 당신이 만약 특정 공포증을 마주해왔다면, 그것이 얼마나 심란하게 만드는지, 그리고 당신이 두려워하는 것을 피하고자 하는 충동이 얼마나 강렬한지 알 겁니다.

사회불안장애

사회불안장애social anxiety disorder는 사회적 시나리오에 대한 강렬한 두려움과 관련됩니다. 사회적 상황들에 대한 특정 공포증처럼 보일 수도 있지만, 몇 가지 중요한 측면에서 공포증과 다릅니다. 첫째, 두려움은 궁극적으로 당황스러움에 대한 것입니다. "나는 불안하게 보일 거야"와 같은 두려움은 자주 더 많은 불안을 일으킬 뿐이라는 사실이 매우 잔인해 보입니다.

아울러 공포증이 있는 경우 우리가 두려워하는 그러한 상황이 일어났는지 아닌지를 대체로 알고 있습니다. 예를 들면, 우리가 아주 높은 곳에서 떨어진 적이 있는지, 또는 승강기 속에 갇힌 적이 있는지 우리는 알고 있습니다. 사회불안장애는 이와 달리 타인들이 어떤 생각을 하고 있는지에 대하여 **추측**guesses하는 일들—예를 들어, "그들은 내 얘기가 바보처럼 들린다고 생각할까?" "내가 그를 어색하게 느끼도록 만들고 있는 것일까?" "그들이 지루해하고 있는 걸까?"와 같은 추측들—과 관련됩니다. 사람들이 우리에게 좋게 말할 경우가 있는데—"오늘 당신 얘기는 참 좋았어요."—이럴 때조차 그들의 말을 믿지 않을 수도 있습니다. 우리는 뭔가 나쁜 일이 명백히 일어나지 않았음에도 불구하고 여전히 스스로의 활동이 끔찍했다고 믿을 수도 있습니다.

공황장애

공황장애panic disorder를 겪는 분들은 종종 두려워할 만한 게 없는 듯한 상황이지만 뚜렷하고 갑작스럽게 시작하는 몇 차례의 공포 발작bouts of fear에 의해 습격을 당하게 됩니다. 공황발작panic attacks이 불쾌한 경험이긴 하지만 그 자체가 장애인 것은 아닙니다. 공황발작을 경험한 사람 중 6분의 1 정도만이 실제로 공황장애를 겪게 됩니다(오른쪽 박스 설명 참조). 공황장애의 발작은 반복적으로 예기치 못하게 일어나야 합니다. 공황장애를 겪는 사람은 더 많은 발작을 경험하는 것에 대해 걱정하거나 자신의 행동에 변화가 생겨야 합니다. 예를 들어, 하루의 특정 시간대에는 운전을 피하는 것과 같은 것이죠. 공황이 일어날 것 같은 장소를 피하고자 하는 충동이 매우 강렬해서 광장공포증이라 불리는 것을 초래할 수도 있습니다.

공황이 미치는 영향

공황발작은 미묘한 방식으로 나타나지 않습니다—마치 경보기가 울리는 것과도 같습니다. 공황발작은 우리의 주의를 끌어당깁니다. 공황을 겪는 동안 우리 몸의 교감신경계는 '싸움[투쟁]fight 또는 도망[도피]flight' 반응에 착수하여 우리가 위험에 대처할 수 있게끔 하는 아드레날린과 같은 화학물질을 분비합니다. 아래에 이러한 싸움—도망 경보기의 공통적인 영향들이 기술되어 있는데, 부분적으로 공황 분야 전문가인 미셸 크레이스크Michelle Craske와 데이비드 발로우David Barlow의 실습서에서 가져왔습니다.

- 심장 박동이 빨라지고 강렬해집니다.
- 호흡을 빠르고 깊게 하게 되는데, 이는 어지러움이나 몽롱한 느낌과 같은 이상한 감각을 초래할 수 있습니다. 또한 비현실감derealization—어떤 사람들은 현실이 '구부러진' 느낌이 든다고 묘사함—이나 이인증depersonalization—자신이 몸과 연결되어 있지 않은 느낌이 드는 것—또한 초래할 수 있습니다.
- 땀을 더 많이 흘립니다. 이는 자의식에 불을 더 땔 수 있습니다.
- 소화기관이 영향을 받아서 구역질이나 설사를 일으킬 수 있습니다.
- 행동을 준비하려고 근육이 긴장하는데, 이는 떨림을 불러일으킬 수 있습니다.
- 어떤 상황에서 빠져나오고 싶은 저항할 수 없는 욕구를 느낄 수도 있습니다.
- 경보기가 울릴 때 우리는 잘못된 게 무엇인지 파악하려고 애씁니다. 명확히 알 수 없다면, 크래스크와 발로우가 지적하듯이 우리의 마음은 내적으로 뭔가 잘못되었다—나는 심장마비나 뇌졸중과 같은 의료 응급상황에 있어, 또는 "통제력을 잃어"버릴 거야—라고 생각할 가능성이 커집니다. 이러한 두려움은 경보기 소리를 더 크게 만들 뿐입니다.
- 발작 상태가 가라앉게 되면, 아마도 스트레스로 소진된 느낌이 들면서 공황에 대해 긴장하게 될 수 있습니다. 부교감신경계의 활동이 증가하면서—이는 우리를 진정시켜줍니다—우리는 울음을 터뜨릴 수도 있습니다.

광장공포증

광장공포증agoraphobia은 특정 공포증처럼 들릴 수 있지만, 사실은 **공황에 정말 나쁘게 작용할** (또는 통제할 수 없는 설사처럼 뭔가 당혹스러운 일을 만들어낼) 장소를 피하는 것과 관련이 있습니다. 『DSM-5』에 따르면 광장공포증을 겪는 사람은 대중교통이나 다리, 영화관, 식품점 대기줄, 또는 뭔가 일어나도 자신을 도와줄 '안전한' 동반자 없이 바깥에 있는 것과 같은 상황을 피하는 경향이 많습니다. 어떤 경우에는 불안과 회피가 매우 강렬해져서 집 밖에 나가는 활동을—때로는 몇 년 동안—완전히 그만두기도 합니다.

범불안장애

끝없이 만연한 걱정은 범불안장애generalized anxiety disorder(GAD)의 주요 특징입니다. 과도하고 통제하기 어려운 걱정에 더하여, 수면장애, 집중곤란, 만성피로감과 같은 증상들은 GAD의 일부입니다. 공황은 즉각적인 위험에 대한 위협감을 나타낸다면, GAD는 그러한 스펙트럼의 반대편에 있습니다. 불안은 다중 영역muliple areas에 걸쳐 있고 (그래서 "범汎, generalized"이라고 표현) 온갖 종류의 "만약 그러면 어쩌지what ifs"에 대한 두려움을 몹시도 괴롭게 경험하게 됩니다. 하나의 걱정이 해소되자마자 또 다른 걱정이 올라옵니다.

당신은 어떤 특정한 형태의 불안으로 고통을 겪고 계신가요? 당신에게 만약 어떤 걱정이 있다면 어떠한 종류인지 알아보는 데 다음의 체크리스트가 도움이 될 겁니다.

불안 체크리스트

자신의 상황을 묘사하는 진술에 체크해 보세요.

범주 A

☐ 어떤 특정 상황이나 대상―예를 들어 높은 곳, 피, 뱀, 비행기 타기 등―
때문에 거의 언제나 커다란 두려움에 빠진다.

☐ 가능하다면 무서운 상황이나 대상을 피하고 싶다.

☐ 두려워하는 상황이나 대상을 피할 수 없게 되면 불편감을 심하게 느낀다.

☐ 실제 위험에 처하게 되면 내가 느끼는 공포는 납득할 만한 수준 이상으로
강렬해질 가능성이 높다.

☐ 이렇게 강렬한 공포를 최소한 여러 달 경험하였다.

범주 B

☐ 갑작스런 발작으로 강렬한 공포를 두 번 이상 경험하였다.

☐ 이러한 발작을 경험하면서 심장의 빠른 박동이나 쿵쾅거림, 땀흘림, 욕
지기, 그리고/또는 몸의 떨림을 느꼈다.

☐ 이러한 발작을 경험하면서 짧아진 호흡, 추위나 열감, 어지러움, 그리고/
또는 몸에서 분리되는 걸 느꼈다.

☐ 이러한 발작들이 무엇인지, 그리고 더 많은 발작을 경험할지에 대해 걱정
을 해왔다.

☐ 또 다른 강렬한 공포 발작을 촉발할 수도 있는 것은 무엇이든 피하려고
애썼다.

범주 C

☐ 대중교통을 이용할 때 및/또는 주차장처럼 열린 공간에 있을 때 일반적
으로 불안을 느낀다.

☐ 닫힌 공간(예: 영화관)에 있을 때, 다중 속에 있을 때, 줄을 서서 기다릴
때, 그리고/또는 혼자서 집 밖에 나갈 때 일반적으로 불안을 강렬하게
느낀다.

□ 공황발작이나 여타의 위기에 처한다면 그러한 상황에서 벗어나기 힘든 시간이 될 수도 있다는 것에 대해 걱정한다.

□ 할 수 있다면 그러한 상황들을 피하거나, 내가 함께할 수 있다고 신뢰하는 누군가를 데려가려고 한다.

□ 내가 느끼는 공포는 그러한 상황에서의 실제 위험보다 아마도 더 크게 느끼는 것일 수 있다.

□ 그러한 상황들에 대한 두려움을 최소한 여러 달 경험하였다.

범주 D

□ 심판받거나 비난받을 수 있다고 생각하는 상황에서 매우 불안해진다.

□ 공개적으로 창피를 당하고/거나 타인들에 의해 거절당하게 될 것에 대하여 두렵다.

□ 할 수만 있다면 언제든 사회적인 상황들을 피한다.

□ 사회적인 상황들을 피할 수 없게 되면 불편함을 강렬하게 느낀다.

□ 내가 느끼는 사회적 공포는 실제 위협 측면에서 보면 아마도 과도한 것일 수 있다.

□ 사회적 상황들에 대한 강렬한 불안을 최소한 여러 달 경험하였다.

범주 E

□ 거의 매일 많은 것들에 대해 지나치게 걱정하며 지낸다.

□ 일단 걱정을 시작하면 멈추기가 어렵다.

□ 걱정을 많이 하게 되면, 긴장, 성마름, 과민성, 그리고/또는 쉽사리 피곤함을 느낀다.

□ 걱정 때문에 보다 집중하기 힘들고/거나 수면이 방해된다.

□ 나는 최소한 6개월 동안 '걱정하는 사람'이었고, 어쩌면 성인으로서의 삶의 대부분이 그러했던 것 같다.

당신의 증후군은 하나 또는 그 이상의 범주에 속합니까? 각 범주는 다음과 같습니다.

☐ A: 특정 공포증　　　　　☐ B: 공황장애
☐ C: 광장공포증　　　　　☐ D: 사회불안장애
☐ E: 범불안장애

우리의 실습서는 당신의 증상이 어떠한 범주에 속하든지 간에 적용해볼 수 있는 도구들을 제공하고 있습니다. 당신이 경험하고 있을 수도 있는 특정한 상태를 다루기 위한 도구들에 대한 제안을 이 책 뒤편의 「자원」 섹션에서 찾아보실 수 있습니다.

우울에 초점 맞추기

"뭔 소용이야?" 빌Bill은 알람시계가 다시 울리자 혼자 생각해봅니다. 직장에 제때 도착하려면 졸지 말아야 한다는 사실을 알아차리고 있습니다. 하지만 그는 그저 알람을 끈 다음 상사에게 전화해서 오늘도 몸 상태가 좋지 않다고 말하고서는 침대에서 하루 종일 누워있고만 싶습니다.

무거운 한숨을 내쉰 다음 마루 위에 다리를 흔들거리며 두 손으로 머리를 감싸 쥐고서는 일어설 에너지를 끌어모으기 위해 애씁니다.

빌은 욕실에 가면서 마치 진흙탕 속을 통과하는 것처럼 느낍니다. 그는 아침 샤워를 즐기곤 하였습니다. 지금은 들어가서 세수만 하고 나오는 게 전부입니다. 아침을 먹기 위해 오렌지 주스를 작은 잔에 따릅니다. 찬장에 있는 시리얼 박스를 쳐다보고는 문을 닫습니다.

그는 감히 앉으려고 하지 않습니다. 다시 일어서기가 얼마나 어려운지 알기 때문입니다. 그것 외에도 앉았다가 일어설 때 여전히 다리가 아픕니다. 석달 전에 달리기를 하다가 오른쪽 정강이뼈를 다쳤습니다. 그는 여러 해 동안 친구들과 함께 일주일에 대여섯 번은 달리기를 하며 야외의 공기를 마시며 우정을 만끽하곤 했습니다. 지금은 치유를 진행하면서 페달 밟기 운동기구를 탈 수 있을 따름입니다.

직장에 차를 몰고 갈 때 브레이크를 밟을 때마다 다리가 아프곤 합니다. 다리를 부러뜨린 것에 대해 "아주 바보 같았어"라고 자신에게 욕을 해댑니다. 어떤 때는 마음이 방황하는 가운데 실수를 저질렀다고 느끼기도 합니다. 고등학교 시절 농구 결승전에서 동점을 만들어낼 마지막 순간에 슛을 놓치고 말았을 때, 작년에 직장에서 냉담한 성과 평가를 받았을 때, 그리고 7학년 때 친구들과 함께 놀고 자는 밤샘파티에서 침대에 지도를 그렸을 때가 그렇습니다. 그 모든 게 연민을 자아냅니다. 직장에 차를 주차시키고 또 하루 고난의 행군을 시작하며 한숨을 내쉽니다.

빌은 지금 우울 삽화episode에 사로잡혀 있습니다. 우울은 그가 부상을 당하면서 시작되었고, 그가 사랑하던 많은 것들—힘든 달리기 코스를 정복하기, 좋은 친구들과 함께하는 시간 갖기, 야외에서 즐기기와 같은 것들—을 앗아갔습니다. 그가 좋은 기분을 유지하도록 도와주던 활동 중 상당수를 갑자기 잃어버리게 되었습니다. 기분이 가라앉게 되면서 자신에 대해 나쁘게 여기기 시작했습니다. 즉, 자신이 "한심하고" "무가치하다"는 생각들을 믿게 되었습니다.

사람들의 우울 경험, 수치로 알아보기

- 세계보건기구에 따르면 **장애의 제1원인**이 우울증입니다.
- 세계 인구 중 약 **3억5천만 명**이 우울을 겪고 있습니다.
- **미국인의 25%** 정도가 생애 동안 주요 우울증을 경험하게 될 가능성이 있습니다.
- 불안장애와 마찬가지로 **여성**이 남성보다 우울을 경험할 위험이 약 **70% 이상 더 많습니다**.
- 보다 젊은 세대들은 윗세대보다 우울을 겪을 가능성이 보다 더 많습니다.

빌이 겪고 있는 의기소침 상태를 멈추게 할 방법들이 CBT에는 많이 있습니다. 가장 중요한 방법 중 하나는 현재 잃어버린 기쁨과 성취감을 되살릴 방법들을 찾아보는 것입니다. 또한 빌은 CBT를 통해 스스로에게 어떤 말을 속삭이고 말하고 있는지에 대해 자세히 살펴보겠습니다. 그리고 자신의 생각이 납득할 만한 것인지에 대해 알아볼 것입니다. 그는 정말 한심한 상황에 있는 것일까요? 다리가 부러진 게 그가 바보라는 뜻일까요? 빌이 경험한 상실들은 누구에게나 고통스러울 일입니다. 하지만 그러한 일들이 그가 계속해서 우울해야만 할 이유가 되지는 못합니다.

일반적인 우울 유형

우울에는 많은 형태가 있습니다. 어떤 상황이 우리가 흔히 우울에 대해 갖고 있는 생각과 다른 모습을 띨 때 우리는 자신이 우울하다는 사실조차 깨닫지 못할 때가 있습니다. 『DSM-5』는 우울의 폭넓은 범주를 몇 가지 특정 유형으로 나누고 있습니다. 몇 가지 하위유형을 살펴보도록 합시다.

주요우울장애

우울의 가장 흔한 형태가 주요우울장애major depressive disorder입니다. 이는 우리가 보통 누군가가 '임상적으로 우울한' 상태에 있다거나 '주요우울'을 갖고 있다고 말할 때 의미하는 것입니다. 최소 2주간 하루 대부분 시간 동안 기분이 저하되어 있거나 거의 모든 활동에 대해 흥미를 잃고 있다면 주요우울에 해당됩니다. 주요우울의 평균적인 발작 간격은 약 4개월입니다.

우울이 있는 사람은 같은 2주간의 시기 동안 다른 증상들도 겪게 됩니다. 수면시간이 평상시보다 훨씬 길어지거나 짧아지고, 배고픔을 아주 많이 또는 적게 느끼고, 지친 느낌이 들고, 뭔가에 집중하거나 의사결정을 내리기 힘든 것과 같은 상태들입니다.

우리가 우울할 때는 자신에 대해 나쁘게 느끼는 경향이 있어서 죄책감을 과도하게 느끼거나 완전히 무가치한 존재라고 느끼기도 합니다. 우울은 자살사고suicidal thinking 및 자살 시도의 강력한 위험요인입니다. 주요우울장애가 있는 분은 자신이 정신적인 고통 가운데 있다는 느낌을 받을 수도 있고, 일상적인 활동을 하는 데 어려운 시간을 보낼 수도 있습니다.

주요우울장애로 진단되기 위해서는 아홉 가지 우울 증상 중에 다섯 가지가 해당되어야 하기 때문에, 우울 상태는 사람마다 상당히 다르게 보일 수 있습니다.

지속성 우울장애[기분부전증]

주요우울장애는 찼다 기우는 경향이―치료를 받고 있지 않은 가운데서 도―있습니다. 『DSM-5』에 따르면 주요우울장애가 시작되어도 1년 이내에 80%의 사람들이 회복되기 시작합니다. 그 밖의 사람들은 지속성 우울장애[기분부전증]persistent depressive disorder라고 불리는 보다 만성적인 우울 형태를 겪게 됩니다. 이러한 진단을 받게 되는 경우는 그 이름에 부합하게 최소한 2년 이상 대부분의 시간 동안 우울감이 있어야만 합니다. 또한 최소한 두 가지 이상의 다른 우울 증상이 기준이어서 다섯 가지 증상을 요건으로 하는 주요우울장애보다는 가벼울 수 있습니다.

『DSM-5』가 명료하게 밝히고 있듯이 지속성 우울장애가 '가벼운' 형태의 우울이라고 말하는 것은 아닙니다. 이러한 장애의 부정적인 영향은 최소한 주요우울만큼 크게 미칠 수 있습니다.

월경전불쾌감장애

최근 개정된 『DSM-5』에는 논쟁적인 진단, 즉 월경전불쾌감장애premenstrual dysphoric disorder(PMDD)가 추가되었습니다. 이러한 형태의 우울은 여성 월경의 첫 시기까지 그리고 그 초기 과정 동안 이어집니다. 이 진단에 대한 일부의 비난과는 반대로 PMDD는 월경전증후군(PMS)과 동일한 것이 아닙니다. PMDD가 PMS와 갖는 관계는, 주요우울이 자신이 좋아하는 팀이 졌을 때 '우울감'을 느끼는 것과의 관계와도 같습니다.

PMDD는 주요우울의 몇 가지 증상에 더하여 급작스럽고 현저한 기분 변화, 과민성, 불안, 압도감과 같은 증상들, 그리고 월경 전 단계와 관련된 유방의 압통과 부풀어 오른 느낌과 같은 신체 증상들도 포함합니다. PMDD 진단을 받는 여성들은 대부분의 월경주기 동안 이러한 증상들이 있어야만 합니다. 한 해 동안 월경 여성의 약 1~2%가 PMDD를 겪습니다.

우울장애 명시자

보다 복잡한 사안으로서 각 유형의 우울은 해당 우울의 성격에 대해 보다 많은 것을 알려주는 몇 가지 '명시자specifiers' 또는 하위범주(유형)labels 중 하나를 붙일 수 있습니다. 그러한 호칭 중 일부를 소개하면 다음과 같습니다.

일회성 삽화single episode 대vs. 반복성 삽화recurrent episode. 어떤 사람들은 일회성 우울 삽화만을 경험하지만, 또 어떤 사람들은 회복과 우울을 반복적으로 경험하게 됩니다.

경도/중등도/고도. 우울은 다루기 쉬운 것부터 사람을 완전히 쇠약하게 만드는 것에 이르기까지 폭이 넓습니다. 크게 다음과 같이 분류됩니다.

- 경도mild: 우울 진단규준에 거의 부합하지 않습니다. 그리고 자신의 우울 상태를 다룰 수 있습니다. 경도 환자는 주요우울장애의 약 10분의 1 정도만 해당됩니다.
- 중등도moderate: 주요우울장애의 약 5분의 2 정도가 중증도로 분류되는데, 명칭에서 알 수 있듯이 경도와 고도 사이에 위치합니다.
- 고도severe: 대부분의 우울 증상들이 현존하는 가운데 상당한 불행감을 느끼며 제대로 기능할 수 없는 상태입니다. 고도 환자는 주요우울장애 사례의 가장 큰 비중을 차지하여 약 50퍼센트에 달합니다.

불안증 동반with anxious distress. 우울과 불안은 대척점에 있는 것처럼 보일 수도 있습니다. 불안은 에너지가 높은 상태이고, 우울은 에너지가 낮은 상태입니다. 하지만 주요우울은 모든 종류의 불안 진단과 상당한 연관성을 갖고 있습니다. 이는 우리가 우울하게 되면 불안해질 가능성이 더욱 높고, 그 반대도 마찬가지라는 뜻입니다. 『DSM-5』는 '불안증 동반' 우울이라는 범주를 포함하고 있습니다. 이는 어떤 사람이 불안이나 두려움과 관련한 증상─예를 들어, 흔치 않게 안절부절 못하는 느낌, 걱정 때문에 집중하기 어려움, 뭔가 끔찍한 일이 벌어질 거라는 두려움 등─을 최소한 두 가지 이상 지닌 경우를 의미합니다.

우울의 신체 발현 증상들

우울을 온몸의 병으로 생각해 보면 좋습니다. 우울의 신체 발현 증상들에는 다음과 같은 것들이 포함될 수 있습니다.

- **식욕의 변화:** 우울한 상태에 있는 사람들은 흔히 입맛을 잃곤 하는데, 이는 음식 맛이 그저 좋지 않다는 느낌이 자주 들기 때문입니다. 어떤 사람들은 식욕이 증가하면서 체중이 증가할 수도 있습니다.
- **수면 장애:** 수면이 어느 방향으로든 바뀔 수 있습니다. 우울이 있는 어떤 사람들은 완전히 소진된 상태에서도 지독한 불면증을 겪습니다. 또 어떤 사람들은 하루에 12시간의 수면을 취하고서도 더 자고 싶어 합니다.
- **신체 동요:** 우울할 때 내적인 불안감 때문에 가만히 앉아 있기 힘들 수도 있고 계속해서 안절부절못할 수도 있습니다.
- **느려짐:** 우울을 겪는 어떤 사람들은 다른 사람들이 알아차릴 정도로 움직임이나 말이 느려질 수도 있습니다.
- **치유가 더 느려짐:** 우리가 우울할 때 치유가 더 느리게 진행된다는 다수의 연구결과가 있습니다. 예를 들면, 우리가 우울할 때 만성 창상의 치유는 보다 늦게 진행됩니다. 그리고 우울한 환자들은 관상동맥 우회로 수술 후의 회복이 더딥니다.
- **신체질환으로 사망할 위험의 증가:** 예를 들면, 관상동맥 심장질환이 있는 환자들이 우울을 겪고 있을 경우 사망 위험은 두 배가 됩니다.

분명 우울은 문자 그대로 사람의 머릿속에만 있는 것이 아닙니다.

멜랑콜리아 양상 동반with melancholic features. 우리는 우울할 때조차도 종종 일시적으로 더 나은 기분이 되기도 합니다. 중요한 프로젝트를 마쳤거나 사랑하는 사람들과 시간을 보냈을 경우처럼 뭔가 좋은 일이 일어났을 때 그렇습니다. 고도 우울을 겪는 동안은 무슨 일에서든—심지어 자신이 좋아하는 활동에서도—즐거움을 완전히 상실할 수 있습니다. 이러한 종류의 우울을 겪는 사람은 "멜랑콜리아 양상"일 수 있습니다. 이 양상에는 아침에 더 좋지 않은 기분 상태가 되는 것, 아침에 최소한 두 시간 일찍 일어나는 것, 계속해서 입맛이 없는 것 등이 포함됩니다.

비전형적 양상 동반with atypical features. 멜랑콜리아 양상과 대조적으로 비전형적 양상은 좋은 일들이 일어났을 때 긍정적인 반응을 보이는 것을 포함합니다. 아울러 다른 증상들과 함께 식욕이 증가하고 (아마도 체중이 늘어날 수도 있으며) 수면을 과다하게 취합니다.

주산기周産期 발병 동반with peripartum onset. 여성들이 아기를 낳은 후 '산후 우울증'을 경험한다는 사실에 대해 분명 들어보신 적이 있을 겁니다. 『DSM-5』는 이 시기의 절반, 즉 아기가 태어나기 전부터 실제로 이러한 형태의 우울이 시작된다고 기술하고 있습니다. 따라서 이러한 시기의 우울에 대해서 분만 이후라고 하기보다는 '주산기'(출산 전후 시기) 또는 '분만 무렵'이라고 부릅니다. 주산기 발병 동반 우울에는 고도 불안이 포함됩니다. 산모의 3~6%는 주산기 발병 동반 우울을 경험합니다.

계절성 동반with seasonal pattern. 우울은 때때로 계절에 따라 변화합니다. 가을과 겨울에는 낮시간이 짧아짐에 따라 기분이 가장 빈번하게 악화되고 봄이 되면 기분이 개선됩니다. 이러한 패턴은 특히 보다 젊은 사람들 사이에서, 그리고 보다 높은 위도—예를 들어, 보스턴과 노스캐롤라이나²

—에서 흔히 발생합니다.

  만약 당신이 우울하다고 느낀다면, 다음의 척도를 체크해서 자신이 어떠한 우울 증상을 경험하고 있는지 알아보실 수 있습니다.

---

2   보스턴의 위도는 42도, 노스캐롤라이나는 36도. 참고로 서울은 37.5도.

우울 척도

당신은 지난 2주간에 걸쳐 다음에 열거된 문제들로 얼마나 자주 괴로움을 겪으셨는지요? 각 항목에 대해 당신의 상황과 일치하는 숫자에 동그라미를 칩니다.

	전혀 아니다	3일 이상	8일 이상	거의 매일
1. 무언가를 하는 데 흥미나 즐거움을 거의 느끼지 못한다	0	1	2	3
2. 가라앉았거나 우울하거나 절망감을 느낀다	0	1	2	3
3. 잠들거나 수면을 유지하는 데 어려움을 겪거나 잠을 너무 많이 잔다	0	1	2	3
4. 지친 느낌이 들거나 에너지가 거의 없다	0	1	2	3
5. 식욕이 별로 없거나 과식한다	0	1	2	3
6. 나 스스로에 대해 나쁘게 여기거나 자신을 실패자로 여기거나 자신이나 가족이 실망감을 느끼게 한다	0	1	2	3
7. 무언가에—신문을 읽거나 텔레비전 시청과 같은 것들에—집중하기 어렵다	0	1	2	3
8. 매우 느리게 움직이거나 말을 해서 다른 사람들이 알아차릴 정도이다 / 또는 그 반대로 너무 동요하거나 안절부절못하여 평상시보다 훨씬 많이 이리저리 돌아다닌다	0	1	2	3

각 열의 점수를 합산하여 여기에 적습니다: _____ + _____ + _____ + _____

= 합계 점수: _____

이 점수는 당신이 경험하고 있는 우울의 정도에 대한 추청치를 제공합니다.

0-4　최소치
5-9　경도
10-14　중등도
15-19　중등도-고도
20-27　고도

우울은 실습서를 들여다보는 것은 고사하고 아주 단순한 과제조차 집중하기 힘들게 할 수 있습니다. 만약 당신이 경도 우울에서 중등도 우울을 넘어서는 수준에서 고통을 겪고 있다면, 이 책을 활용하는 것에 더하여 관련 전문가의 도움을 받도록 하십시오.

이번 장에서 우리는 다양한 방식으로 경험하는 불안들—특정한 것들에 두려움을 갖는 공포증, 공황장애에 대한 공포, 광장공포증을 동반하는 회피, 사회불안장애에 나타나는 창피함에 대한 두려움, 걱정이 끊이질 않는 범불안장애 등—을 다루었습니다. 우리는 또한 우울의 다양한 형태들에 대하여—가장 흔한 주요우울장애를 포함하여—살펴보았습니다.

좋은 소식이 있습니다. 불안과 우울이 어떤 식의 증상으로 나타나든지 간에 CBT의 핵심 기법들을 통하여 그러한 증상들을 다룰 수 있다는 사실입니다. 불안과 우울을 다루는 첫 단계는 목표를 분명히 하는 것인데, 이는 다음 장의 주제가 될 것입니다.

잠시 시간을 내어 이번 장에 대한 당신의 생각이나 느낌을 적어보시기 바랍니다. 어떠한 유형의 불안이나 우울이 있는 것으로 파악하셨나요? 이 지점에서 어떠한 생각이나 느낌이든 적어보십시오. 이 프로그램의 1주차에 해당하는 다음 장에서는 당신의 목표를 파악하는 작업을 합니다.

....

....

....

....

....

....

....

....

....

....

....

....

제2부

7주간의 치유 여정

이 책의 나머지 부분은 일주일씩 진행되는 7주간의 프로그램으로 구성되어 있습니다.
먼저 우리는 견실한 치료계획을 개발하는 작업을 할 것입니다.
그러고 나서 CBT 기술들을 적용하는 데 초점을 맞춥니다.

우리가 새로운 프로그램을 시작하는 경우 때때로 특정 부분을 건너뛰고 싶은 유혹을 받을 수
있습니다. 특히 자신에 대해 어떠한 작업을 하고 또 어떠한 작업을 하지 않을지에 대하여
우리가 이미 알고 있다고 생각하는 경우가 그렇습니다.
저는 당신이 이 프로그램 전체를—글로 써보는 각각의 실습들을 포함해서—직접 실천해보시길
권합니다. 이어지는 자료들과 다양한 방식들—읽기, 생각하기, 쓰기—로 상호작용함으로써,
자신에게 가장 커다란 유익을 안겨줄 계획을 개발하고 실행할 기회를 더욱 많이 얻게 됩니다.
또한 이 프로그램의 마지막 부분에 도달했을 때 당신이 더 많은 것들을 얻을 수 있게 될지에 대하여
의문을 가지실 필요가 없습니다. 당신은 모든 것을 얻었다는 것을 알게 될 것입니다.

목표를 설정하고 여정을 시작하기

앞 장에서 우리는 사람들이 흔히 겪는 여러 유형의 불안과 우울에 대하여 살펴보았습니다. 이와 같은 유형들은 불안하고 우울한 상태들을 진단하고 해당 증상을 이해하기 위한 체계를 갖도록 해줍니다. 하지만 우울이나 불안이라는 두 경험은 그 어떤 것도 똑같은 것이 아닙니다. 동일한 증상을 지닌 사람들조차도 그들의 독특한 개인사history, 성격, 삶의 상황에 따라 동일한 증상을 다른 방식으로 경험하게 될 것입니다.

이러한 이유로 우리는 책꽂이에서 CBT 책을 꺼내고서 그저 "자, 여기 있어요. 이대로 하세요."라고 말할 수는 없습니다. 우리는 당신의 특정한 상황에 대해서, 그리고 불안과 우울이 당신의 삶 전반에서 어떠한 위치에 속하는지에 대해서 이해해야만 합니다. 우리가 그러한 도전과제들에 대해 명확히 이해하게 되면 당신이 어떠한 변화를 이루어내고자 하는지를 우리는 함께 구체화할 수 있습니다. 달리 말한다면, 당신의 목표가 무엇인지를 우리는 알아야만 합니다. 이번 장에서는 우리 프로그램에서 당신이 어떠한 목표들을 설정할 것인가를 전적으로 다룹니다.

"그게 오는구만." 필Phil은 과거에 경험했던 가을에서 오는 익숙한 느낌을 알아차리면서 중얼거렸습니다. 그것은 불안함, 떨어진 기운, 움츠리는 느낌입니다. 이미 일주일에 한두 번 하던 아침 운동을 건너뛰기 시작하였고, 친구들에게서 온 이메일에 답장을 보내지 않은 채로 있었습니다.

아내 미쉘은 오늘 아침 함께 식사를 하면서 이런 말을 했습니다. "당신, 누군가를 만나봐야만 하겠어요." 필은 아내가 하는 말의 의미를 알고 있습니다. 즉, 치료자를 만나보라는 겁니다. 그는 과거에 전문가의 도움을 구하는 것을 꺼려워하지 않았습니다.

다음날 필은 심리학자인 아내를 둔 좋은 친구에게 얘기합니다. 친구의 아내는 함께 대학원에 다녔던 인지행동치료 전문가를 추천합니다. 필은 그 심리학자에게 전화를 걸어 만날 시간을 약속합니다.

휘트먼 박사는 첫 만남에서 치료를 위해 방문하게 된 사유에 대하여 필과 대화를 나눕니다. 필은 자신의 계절성 패턴인 저조한 기분과 불안에 대해 박사에게 얘기해줍니다. 그들은 필의 삶에 대해—특히 그의 가족 관계, 직장, 친구들에 대해서—의견을 나눕니다. 휘트먼 박사가 필에게 그의 목표가 무엇인지 묻자, 이렇게 대답합니다. "이번 가을과 겨울에 보다 좋은 기분을 느끼고 싶습니다."

휘트먼 박사는 "보다 나아진 기분"이 어떤 것인지에 대하여 필과 작업합니다. 즉, 필의 삶은 어떻게 달라질 것인가? 필이 좀 더 시도해보고 싶은 것들이 있는가? 필은 이에 대해 숙고해보았고, 집중적으로 작업해볼 특정한 목표를 몇 가지 도출하였습니다.

휘트먼 박사는 치료작업에 대하여 간략한 정보를 제공하고, 필이 자신의 목표를 향해 나아가도록 하는 데 치료가 어떻게 도움을 줄지에 대하여 설명합니다. 박사는 필이 도움을 구하고 자신이 변화시키고자 하는 것들을 구체화함으로써 이미 많은 일을 해냈다는 사실을 강조합니다. 필은 자신이 매일매일 어떻게 보내는지 점검할 양식과 안내를 받고서 그 회기를 마칩니다.

그날 저녁을 먹으면서 필은 치료 회기에 대해 미쉘에게 얘기하면서 이 작업이 도움이 될 걸로 낙관하고 있다고 말합니다. 과제의 일환으로 필과 미쉘은 그의 목표들에 대해 함께 의논하였고, 필은 자신이 앞으로 해나가고 싶은 보다 구체적인 몇 가지 일들에 대해 미쉘의 의견을 듣습니다.

당신은 무슨 일로 여기에 오셨나요?

저는 임상 현장에서 누군가를 처음 만나게 되면 그들이 치료를 받으러 온 사유가 무엇인지에 대해 질문하면서 시작합니다. 마찬가지로 저는 당신에게도 이 질문에 대해 답해보시길 권합니다. 무엇이 이 책을 집어 들도록 당신을 끌어당겼나요? 당신은 얼마나 오랫동안 이러한 문제들로 씨름을 해왔나요? 당신은 이러한 문제들을 얼마나 자주 겪고 있나요? 왜 지금 그리고 무엇이 당신으로 하여금 행동을 취할 때가 되었다고 마음을 먹게 하였나요? 여기에 간략히 적어보실 수 있습니다. 이 장에서 나중에 당신이 적은 내용에 대해 좀 더 구체적으로 살펴볼 것입니다.

....

....

....

....

....

....

....

....

당신의 강점

우리가 어떠한 문제로 분투하고struggling 있든지 간에, 우리는 분투하는 문제들struggles 그 이상의 존재입니다. 또한 계속해서 우리가 나아가도록 해준 강점들이 우리에게는 있고, 이러한 강점들은 우리가 새로운 도전과 제들을 헤쳐나갈 수 있도록 도와줍니다. 잠시 시간을 내어 자신의 강점에 대해 부디 숙고해보시기 바랍니다. 당신은 어떤 것들을 잘 해냅니까? 당신을 아는 사람들은 당신에 대해 어떠한 것들을 최고로 인정해주고 있습니까? 떠오르는 것들을 아래 빈 칸에 적어보세요. 생각이 나지 않으면, 당신에게 관심을 갖고 있는 사람들에게 그들이 알고 있는 당신의 강점들이 무엇인지 물어볼 수도 있습니다.

....

....

....

....

....

....

....

....

....

....

점검하기

저는 당신이 자신의 삶이 어떻게 되어가고 있는지에 대해 생각해 보시길 권하고 싶습니다. 불안과 우울이 삶에 영향을 미치는 방식들을 포함해서 생각해보십시요. 제가 심리학자로서 일상적으로 평가하는 여섯 가지 영역을 골라보았습니다. 우리는 이 여섯 가지 영역을 차례대로 살펴볼 것입니다. 시간을 갖고 해 보세요. 당신이 이번 주에 하는 작업은 이 프로그램에서 당신이 하게 될 다른 어떤 작업만큼이나 중요합니다.

관계

관계는 우리의 안녕에—보다 좋거나 보다 나쁘게—강력한 영향을 미칩니다. 예를 들어 불행한 결혼생활은 삶에서 빈약한 만족도를 강력하게 예측하고 자살 경향과도 관련이 있습니다. 다른 한편, 우리의 삶에서 가장 어려운 시기에도 지지적인 관계는 위기를 극복하고 보다 강해지는 것과 망가지는 것 사이에서 분명한 차이를 만들어낼 수 있습니다. 가족 관계와 친구 관계를 분리하여 살펴보겠습니다.

> **가족.** 필은 아내와 튼튼한 관계를 맺고 있습니다만, 우울할 때는 현재 순간에 머물지 못하고 아내에게 쉽사리 잔소리를 합니다. 그는 또한 아내와의 즐거운 활동들을—외식하러 나가기, 주말에 야외로 나가기, 그리고 친밀감을 나누는 것조차—해낼 에너지가 없습니다. 그들의 관계에서 어떤 '활기'를 잃어버렸다는 것을 깨닫습니다.

당신의 원가족(부모, 형제)—그리고 성인이 되어 형성한 가족(배우자, 자녀, 사돈 가족 등)—을 포함한 여러 가족 관계가 어떠한 상황인지에 대해 생각해 보십시오.

다음의 질문에 대해 생각해 보세요: 당신의 관계에서 어떠한 것들이 잘 되고 있나요? 어떤 점에서 분투하고 있나요? 당신의 가족이 어떤 주요한 스트레스 상황들을 겪는 중인가요? 어려운 시기를 겪고 있는 가족 구성원이 있나요? 그리고 가족 전체의 역동에 영향을 미치고 있을 가족 구성원이 있나요?

죽음이나 다른 이유로 당신의 삶에서 벗어난 가족들 중에서 당신이 그리워하는 사람이 있나요? 당신의 가족들을 사랑하는 만큼이나 혼자 있는 시간을 더 많이 갈망하나요?

당신은 또한 자신의 가족들과의 관계가 자신의 불안이나 우울에 어떠한 영향을 미치고 있는지 생각해 볼 수도 있습니다. 반대로, 당신의 불안이나 우울이 가족에게 어떠한 영향을 끼쳐왔나요? 자신의 생각을 아래에 적어보세요.

....

....

....

....

....

....

....

....

친구. 전반적으로 필은 행복한 우정을 나누고 있습니다. 하지만 이제 그의 좋은 친구들의 상당수는 아이들이 있어서 시간을 내기가 더 어려워졌습니다. 그는 좋았던 옛시절을 그리워합니다. 필은 가을로 접어들면서 친구들과 보내는 시간이 줄어들고 있습니다. 봄이 올 때마다 그는 친구들에게 자신이 왜 만날 수 없었는지에 대해 변명을 합니다. 자신이 초대를 거절할 거라고 예상하기 때문에 친구들이 자신을 예전보다 덜 초청한다고 생각합니다.

친구가 얼마나 많이 필요한가에 대해서는 사람마다 다릅니다. 우리 중 일부는 한두 명의 가까운 친구로 만족하기도 하지만, 어떤 사람들은 큰 규모의 사회적 관계망network이 필요하기도 합니다.

당신에게는 강력한 친구 집단이 있나요? 당신이 원하는 만큼 충분한 시간을 그들과 보내게 되나요? 예를 들면, 멀리 이사를 가버린 친구들이 있나요? 아니면 다른 이유로 관계에 변화가 생겼나요? 당신의 불안과 우울이 우정에 영향을 미쳤나요? 자신의 생각을 아래에 적어보세요.

....

....

....

....

....

....

....

....

인간의 기본 욕구

우리가 목표에 대해 생각해 보는 방법 중 하나는 우리의 심리적 욕구가 얼마나 많이 충족되고 있는지 물어보는 것입니다. 수많은 연구들이 인간의 욕구에 세 가지가 있음을 보여주고 있습니다.

- **자율성**: 스스로를 위하여 무엇을 할 것인지에 대하여—타인의 통제를 지나치게 받지 않으면서—결정할 수 있는 능력
- **관계성**: 다른 사람들과의 의미 있고 만족스러운 연결
- **유능성**: 자신이 하는 일들을 잘 해내고 있다는 느낌, 그리고 자신의 재능을 활용할 수 있다는 느낌

이러한 욕구들이 잘 충족되면 될수록 우리가 경험하는 삶의 만족도는 증가합니다. 예를 들면, 우리의 심리적 욕구에 대한 높은 만족도는 수치심, 우울, 외로움의 수준이 낮은 것과 관련이 있습니다. 중요한 점은 우리의 목표가 우리의 기본적인 심리적 욕구와 일치할 때 목표의 성취가 더 깊은 의미를 갖게 된다는 사실입니다.

목표를 수립할 때 이러한 각각의 욕구를 당신 자신의 삶에서 어느 정도 수준까지 충족시킬지에 대해 숙고할 필요가 있습니다.

교육과 경력

필이 하는 일은 어떤 금융회사를 위한 지원 업무입니다. 아주 어려운 일은 아니고 보수도 좋습니다. 그는 일을 상당 부분 '필요악'으로 여깁니다. 그는 일부 동료와는 잘 지내지만 자신의 일에 대해서는 상당 부분 중립과 부정적인 것 그 사이에 머물고 있다고 느낍니다. 기분이 저하된 이후로는 자신이 맡은 일을 유능하게 처리하지 못해왔음을 알고 있습니다. 전화와 이메일에 응답하는 게 느려졌고 예전보다 병가를 자주 신청하곤 합니다.

당신의 직장생활은 어떠한가요? 집을 벗어난 일터인가요, 아니면 당신의 아이들을 돌보는 게 주요한 일인가요? 당연하게도 우울과 불안은 우리가 일과 맺는 관계에도 영향을 미칩니다. 따라서 당신의 기분이 괜찮을

때 자신의 일에 대해 생각해 보세요. 자신의 일을 좋아하시나요? 동료들과 잘 지내시나요? 일이 너무 많아서 모든 사항을 잘 해낼 충분한 시간이 없다고 계속 느끼고 있나요? 직장과 가정에서 요구하는 것들에 대해 고투를 벌이고 있나요? 아니면 직장에서 지루해하나요? 자신의 재능이 제대로 쓰이지 못하고 있다고 느끼나요? 아니면 이건 최악의 경우일 수 있는데요, 지루함에 더해 과중함을 느끼고 있나요?

　자신의 생각을 아래에 적어보세요. 불안과 우울이 당신의 직장생활에 미치는 영향이 있다면 무엇이든 써보세요. 예를 들어 집중하는 것과 의사결정을 내리는 것이 더욱 어려워졌을 수도 있습니다. 아니면 (다수의 청중 앞에서 발언하기와 같이) 우리를 불안하게 만드는 일과 관련된 상황들을 회피하고 있을 수도 있습니다. 심지어 불안을 최소화하는 경력을 선택하고 있을 수도 있습니다. 또한 재정적으로 중대한 우려가 있다면 적어보세요.

....

....

....

....

....

....

....

....

....

....

신념/의미/확장

> 필이 보다 젊었을 때는 삶에 어떤 목적이 있는 듯이 느꼈습니다. 그는 자신의 경력에서 뭔가 중요한 것들을 해내고 다른 이들의 복지를 위하여 의미 있는 기여를 하리라는 기대를 하였습니다. 그는 공식적인 종교에 몸담은 적은 없었지만, 자신을 상호 연결된 인류의 일부로서 여겼습니다.
>
> 하지만 최근 들어 필은 사람들에 대한 연결감을 덜 느끼게 되었고, 그래서 다른 이들과 연대하는 느낌이 그립습니다. 그는 불안과 우울 상태가 악화됨에 따라 타인들과 분리된 느낌을 받고 있고, 자기 바깥의 그 무엇과도 연결되기가 어려운 느낌이 드는 시간을 보내고 있습니다.

당신에게 목적이 있다는 느낌을 주는 일은 무엇인가요? 일반적으로 우리는 자신보다 큰 무언가에 연결됨으로써 목적과 의미를 찾게 됩니다. 상당수는 종교 공동체에 몸담음으로써 그러한 연결감을 찾습니다. 우리는 신성한 문헌을 읽으며 영감을 얻을 수도 있습니다. 또한 우리에게 마음을 기울이고 우리와 교감하는 어떤 신성한 존재에 대한 믿음을 통해서 영감을 받을 수도 있습니다.

또 어떤 이들은 자연 세계를 통해서, 또는 인류가 공유하고 있는 것들에 대해 타인들과 함께 느껴봄으로써 어떤 확장된 느낌, 즉 우리의 의식과 우리의 연결을 확장하는 느낌을 찾을 수도 있습니다. 우리는 광대한 우주 속에서의 우리 위치를 부모라는 정체성—다음 세대 속으로 흘러들어가는 숨결과 존재의 연쇄적인 사슬a continuing chain of breath and being의 일부라는 정체성—을 통해서 찾을 수도 있습니다.

우리는 때로 어떤 정체성의 느낌과 목적의식을 갖기 위하여 분투할 수도 있습니다. 우리는 젊은 시절부터 가졌던 종교를 떠날 수도 있고, 우리가 신성하게 여겼던 많은 것들에 대하여 커다란 실망감을 느끼며 의심을 품은 채 고통스러워할 수도 있습니다.

잠시 시간을 내어 자신이 품고 있는 의미와 목적의 가장 깊은 근원에 대하여 생각해 보세요. 당신을 움직이게 하는 것은 무엇입니까? 당신은 어떤 열정을 품고 있습니까? 자신의 삶에서 아름다움을 충분히 경험하고 있습니까? 자신이 가장 소중하게 여기는 것들에 대하여 분명한 연결감을 느끼고 있습니까?

....

....

....

....

....

....

....

....

....

"변화와 관련해서 마술이라 할 것은 아무것도 없다. 변화는 어려운 작업이다. 내담자가 스스로의 유익을 위하여 행동하지 않는다면 아무런 일도 일어날 수 없다."

　　　　　　　- 제라드 이건Gerad Egan 박사, 『유능한 상담사The Skilled Helper』

신체 건강

휘트먼 박사는 필의 전반적인 건강 상태—그의 식습관, 신체 활동을 얼마나 많이 하고 있는지, 그리고 어떤 물질들(알코올 등)을 그의 몸에 정기적으로 주입하고 있는지—에 대하여 몇 가지 질문을 하였습니다. 필은 자신의 몸 상태와 마음 상태 사이의 관련성을 알아차렸습니다. 자신이 지속적으로 운동을 할 때는 정신이 명료하고 보다 낙관적인 기분이 듭니다. 술을 너무 많이 마시거나 충분한 수면을 취하지 못할 때는 기분이 매우 좋지 않습니다. 또한 그는 불안하고 우울한 느낌이 어떤 식으로 자신의 기분을 더욱 악화시키는 행동으로 밀어 넣을 수 있는지 알아차렸습니다.

마음과 몸의 상호의존성에 대하여 지금은 예전보다 훨씬 더 많이 인식되고 있습니다. 즉, 마음이 '기계'에 영향을 미치고 또 그 반대도 마찬가지라는 것입니다. 잠시 시간을 내어 자신의 신체 건강에 대하여 생각해 보세요.

전반적인 건강. 당신은 어떤 만성적인 건강 문제—예를 들어 고혈압이나 당뇨 문제—를 다루고 계신가요? 자신의 신체 건강에 대하여 걱정하시나요? 당신은 자신의 몸과 어떠한 관계를 맺고 있나요?

....

....

....

....

....

....

....

신체 활동. 자신이 즐거워하는 신체 활동을 정기적으로 하고 있나요? 아니면 운동을 불유쾌한 허드렛일로 여기나요? 친구들과 춤을 추거나 산책하는 것처럼 전혀 '운동하는 것' 같이 느껴지지 않지만 당신이 즐기는 움직임들이 있나요?

....

....

....

....

....

....

약물 및 알코올. 자신의 삶에서 알코올이나 여타 기분을 전환시키는 물질들이 어떠한 역할을 하고 있나요? 약물이나 알코올 사용으로 어떤 문제를 가졌던 적이 있나요? 누군가가 그러한 문제로 당신에게 시련을 안겨주었거나 그런 것을 단절하라고 말해 준 적이 있나요?

....

....

....

....

....

....

음식. 자신에게 음식과 관련된 어떤 문제가 있다면 그 점에 대해 생각해 보세요. 권태감 때문에, 또는 기분 전환을 하려고 습관적으로 먹게 되나요? 음식에 흥미를 잃어서 또는 '살찌는 게' 두려워서 충분한 양의 식사를 하는 데 어려움을 겪고 있나요?

....

....

....

....

....

수면. 수면 부족은 모든 일을 더 힘겹게 만듭니다. 당신의 수면 상태는 어떤가요? 너무 많이 자나요? 너무 적게 자나요? 잠들거나 수면을 유지하는 데 어려움이 있나요? 알람이 울리기 훨씬 전에 깨어나서 다시 잠들지 못하는 경우가 자주 있나요? 당신의 수면에 영향을 미치고 있을 수도 있는 사항들—아이들, 애완동물, 이웃, 코를 고는 파트너, 빡빡한 작업 일정 등—을 고려해 보시기 바랍니다.

....

....

....

....

....

여가/이완

필은 기분이 좋을 때는 여유 시간에 많은 것들—독서, 스포츠 행사 참석, 산악자전거 타기, 반려견과 놀기 등—을 즐깁니다. 그는 겨울이 올 때마다 많은 활동을 포기했습니다. 그 대신 인터넷의 "기사 목록_{listicles}"을 훑어 보거나 유튜브 영상을 시청하며 시간을 보냅니다. 하지만 사실 그는 그러한 것들에 대해 아무런 흥미도 느끼지 못합니다.

필은 자신이 가장 그리워하는 것들에 대하여 휘트먼 박사와 얘기를 나누었습니다. 그는 진퇴양난에 빠진 느낌입니다. 한편으로는 자신이 좋아하는 활동들로 되돌아가고 싶어 합니다. 또 다른 한편으로는 활력과 동기를 찾는 게 힘겨운 느낌이 듭니다.

우리 누구나 긴장을 풀고 휴식을 취하는 시간이 필요합니다. 우리가 즐기고 '재충전'하는 능력을 앗아갈 수 있는 것들이 많이 있습니다. 빡빡한 업무, 생활비를 벌기 위한 부업, 건강 문제, 양육과 관련된 일들이 그렇습니다. 그리고 불안과 우울은 말할 것도 없고요.

당신은 여유 시간에 어떤 일들을 하고 싶으신가요? 당신은 끊임없이 '가동 중인' 상태에 있나요? 아니면 긴장을 이완할 수 있는 시간이 있나요? 더 많이 해 보고 싶은 일들이 있나요? 당신이 이완된 느낌이 들었던 마지막 상황을 생각해 보세요. 그때 무엇을 하고 있었나요? 어떤 취미나 소일거리를 즐기나요? 아니면 자신의 취미 활동이 회복의 느낌을 주는 여유시간이라기보다는 부업 같은 느낌을 주나요? 필처럼 자신에게 진정한 즐거움을 안겨주지 못하는 것들에 여유 시간을 찔끔찔끔 허비하고 있나요?

불안과 우울 때문에 취미와 소일거리를 즐기고 참여하는 데 영향을 받았나요?

....

....

....

....

....

가사 분담

"내가 할 거예요." 필은 미쉘에게 말합니다. 그는 차고를 정리할 거라는 말을 몇 주 동안 해왔습니다. 차고가 정리되지 않아서 최근에는 차도에 주차를 해야 했습니다. 기분이 좋지는 않았지만 정리를 시작할 에너지나 동기를 느끼지 못했습니다.

우리는 누구나 가정에서 수행할 책임들이 있습니다. 청소, 식재료 구입이나 식사 준비, 공과금 지출, 잔디 깎기, 쓰레기 버리기 등이 그러한 일들입니다. 당신은 이러한 일상의 과업들을 처리할 수 있나요? 집안일 나누기에 대하여 당신과 파트너 또는 룸메이트와의 사이에 어떤 문제가 있나요? 관련된 문제들이 있다면 무엇이든 아래에 적어보세요.

....

....

....

....

....

위에서 언급된 범주들에 해당되지만 당신에게 중요한 문제들이 있다면 무엇이든 여기에 적어보세요.

....

....

....

....

재검토

여기서 잠시 시간을 내어 삶의 각 영역에서 자신이 기록한 것들을 주의 깊게 다시 읽어 보시기 바랍니다. 각 부분을 읽을 때 어떠한 느낌이 드나요? 기쁜가요? 압도되나요? 불안한가요? 감사한 마음이 드나요? 각 영역에서 가장 중요하게 눈에 띄는 부분들에 밑줄을 그어 두십시오. 우리는 나중에 이 부분들로 다시 돌아올 겁니다.

당신의 목표는 무엇인가요?

이제 당신의 특정한 목표를 정의하는 작업을 시작할 준비가 되었습니다. 우리의 7주간의 여정이 끝날 무렵 그리고 그 이후에 당신의 삶에 어떠한 변화가 있기를 바라나요? 예를 들면, 필은 다음과 같은 목록을 만들었습니다.

1. 불안과 우울을 보다 덜 느끼기

2. 직장에 빠지지 않고 나가기

3. 규칙적으로 운동하기

4. 친구들과의 시간을 더 많이 보내기

5. 내가 되고 싶은 배우자가 되기 위한 에너지와 흥미를 갖기

당신 자신의 목표를 도출하기 위하여 당신이 밑줄을 친 부분들을 활용하십시오. 자신이 어떻게 느끼길 바라는지에 덧붙여, 자신의 삶이 어떠한 식으로 바뀌길 바라는지에 대하여 생각해 보세요. 여기에는 당신이 장차 해 보고 싶어 하는 구체적인 활동들도 포함됩니다.

기억하실 것은, 이러한 목표들은 **당신의 목표**라는 사실입니다. 즉, 당신이 생각하기에 누군가가 당신이 해내길 바라는 그러한 일들이 아닙니다. 목표는 당신이 소중하게 여기는 일들이어야만 합니다. 목표가 몇 개여야만 한다는 그런 '올바른' 숫자는 없습니다만, 대개는 세 개에서 여섯 개 사이가 효과를 내기 좋습니다. 이 책의 끝에 있는 「개인용 노트Notes」나 별도의 종이에 자신의 목표를 적어보십시오.

자신의 시간 기록하기

다음 주를 위한 준비로서, 당신이 매일 시간을 어떻게 사용하고 있는지에 대한 면밀한 기록이 필요합니다. 이번 장의 끝부분에 「매일의 활동」 양식이 있습니다. 다음 쪽에는 해당 양식의 완성된 예시가 있습니다. 각 행의 단위는 한 시간입니다. 활동 칸에는 그 시간에 당신이 한 일들을 간단히 적으세요. 짧고 단순하게 적으세요. 분명 우리의 하루하루는 한 시간 단위로 깔끔하게 나뉘지 않습니다. 그저 최선을 다하세요.

또한 당신이 각 활동을 얼마나 즐기는지 그리고 그 활동이 당신에게 얼마나 중요한지 적어볼 겁니다. 즐거움과 중요성에 대한 점수 평가는 당신만이 매길 수 있다는 사실, 그리고 그 누구도 당신이 무엇을 즐기고 무엇을 중요하게 여겨야 하는지 그 누구도 결정할 수 없다는 사실을 기억하시기 바랍니다.

끝으로, 당신은 매일의 전반적인 기분을 0점에서 10점 척도로 평가해볼 겁니다. 여기서 0점은 매우 나쁜 기분이고 10점은 매우 좋은 기분입니다.

활동을 한 그날 이 양식을 기록할 수 있도록 계획을 세우세요. 그날이 끝나갈 무렵일 수도 있고, 아니면 하루 적당한 때마다 기록할 수도 있습니다. 기록을 다음날이나 그 이후로 미룬다면 중요한 정보들을 잊어버릴 수 있습니다.

매일의 활동(예시)

오늘 날짜: 7/1 토, 2023

시 간		활 동	즐거움 (0-10)	중요성 (0-10)
오전	8:00-9:00	잠	—	8
	9:00-10:00	깬 상태로 침대에	2	0
	10:00-11:00	깬 상태로 침대에	2	0
	11:00-12:00	미쉘과 아침 먹음	5	7
오후	12:00-1:00	인터넷 기사 목록 읽음	2	0
	1:00-2:00	골프 게임	4	3
	2:00-3:00	골프 게임	4	3

매일의 활동

오늘 날짜:

시 간		활 동	즐거움 (0-10)	중요성 (0-10)
오전	5:00-6:00			
	6:00-7:00			
	7:00-8:00			
	8:00-9:00			
	9:00-10:00			
	10:00-11:00			
	11:00-12:00			
오후	12:00-1:00			
	1:00-2:00			
	2:00-3:00			
	3:00-4:00			
	4:00-5:00			
	5:00-6:00			
	6:00-7:00			
	7:00-8:00			
	8:00-9:00			
	9:00-10:00			
	10:00-11:00			
	11:00-12:00			
오전	12:00-1:00			
	1:00-2:00			
	2:00-3:00			
	3:00-4:00			
	4:00-5:00			

오늘 나의 기분 점수 (0-10): _____

이번 주에 당신은 불안과 우울이 자신의 삶에 어떠한 영향을 끼치고 있는가, 그리고 자신이 어떠한 변화를 이루기를 원하는가를 명료하게 정리하는 작업을 하였습니다. 이 프로그램의 나머지 과정에서 당신은 작은 목표들을 세워서 당신의 보다 크고 보다 전반적인 목표들을 향해 나아가게 될 겁니다.

이번 주에 자신의 목표 목록을 여러 차례 검토해서 무언가 덧붙이고 싶은 것이 있는지 살펴보십시오. 잠시 시간을 내어 당신의 캘린더에 상기하기 위한 메모를 해둘 수도 있고, 자신의 목표를 사본으로 만들어 매일 볼 수 있는 어딘가에 붙여놓을 수도 있습니다. 목표 목록을 살피지 않고 일주일을 보내기는 쉽습니다.

다음 일주일 중 나흘(4일)간은 「매일의 활동」 양식의 기록을 완성하는 일을 기억하십시오.

또한 당신이 2주차 여정을 언제 진행할지, 당신의 목표를 향해 나아가서 삶으로 돌아가는 작업을 우리가 시작할 지점에 대해 지금 계획을 세울 수 있습니다.

잠시 시간을 내어 당신의 생각, 감정, 그리고 어떤 우려나 관심사가 있다면 아래 빈칸에 적어보시기 바랍니다.

....

....

....

....

....

....

....

....

활동 계획

1. 자신의 목표 목록을 여러 차례 검토해보세요.
2. 2주차 여정을 진행할 구체적인 시간 계획을 세워보세요.
3. 나흘(4일)간은 「매일의 활동」 양식의 기록을 완성해보세요.

2주차

삶으로 돌아가기

지난주에 당신은 자신이 어떠한 변화를 만들기를 원하는지를 구체화하는 중요한 작업을 수행하였습니다. 지난 한 주 동안 당신의 과제는 자신의 치료작업의 목표를 검토하고 자신이 시간을 어떻게 보내고 있는지에 대하여 점검하는 것이었습니다. 이제는 계획을 실행할 시간입니다.

"아이스크림 좀 먹어야 되겠어." 캣kat은 운동화 끈을 매면서 중얼거렸습니다. 요즘 며칠 동안 그의 동기는 이미 맨 밑바닥입니다. 그리고 여름 열기는 달리기를 덜 매력적으로 만들고 있습니다.

지난 1월에 캣은 오래 전에 끝냈어야 할 관계를 정리하였습니다. 그는 옳은 결정을 내렸다는 것을 알고 있습니다. 하지만 그러한 생각이 혼자 있는 상태를 보다 편안하게 만들어주지는 못합니다. 그는 30대 중반까지는 결혼을 해서 가족을 이룰 거라고 늘 생각했습니다. 이제는 딱 맞는 사람을 발견하는 게 불가능할 수도 있고, 자신이 가정을 이루기에는 조만간 너무 늦을 거라는 걱정을 하고 있습니다.

그는 대학원 과정의 마지막 해에 칼cal을 만났습니다. 그리고 졸업 후인

3년 전에 그를 따라갔습니다. 그는 보스턴에서 좋은 일자리를 제안받았는데 그곳은 자신이 자란 곳에서 멀지 않았습니다. 그는 시애틀 출신인데 그와 함께 이사해서 자기 나라의 새로운 모습을 보는 게 행복했습니다. 칼의 친구들은 이제 캣의 친구가 되었습니다. 예전에는 그가 새로운 사람들을 만나는 게 결코 쉬운 일이 아니었는데 이제는 이미 형성된 인맥에 참여하게 되어 행복했습니다.

그들은 원만하게 갈라섰고, 서로의 친구들 모두 "칼과 캣의 진정한 친구들"이기 때문에 "어느 한쪽 편을 들지 않아도 되어" 기쁘다고 말했습니다. 그럼에도 불구하고 몇 달이 지나자 캣은 누구한테서도 연락을 거의 받지 못했고, 종종 칼이 "그들의" 친구들과 재밌게 어울리는 모습이 소셜미디어에 올라오는 것을 보았습니다. 그들과 연락하는 게 점점 더 내키지 않았습니다. "그들은 아마도 나하고 더 이상 어울리지 않아도 돼서 좋아할 거야." 그는 혼잣말을 합니다.

캣은 자신이 무엇이든 별로 하고 싶어 하지 않는다는 사실을 깨닫습니다. 그는 여전히 직장에 다니고 있습니다. 직장 일은 괜찮지만 그가 꿈꾸던 직업은 아닙니다. 캣은 일주일에 한 번은 억지로 달리기를 합니다. 그의 유일한 기대는 아이스크림을 먹으면서 TV 앞에 앉아 있는 것입니다. 최소한 그때만은 그가 대부분의 시간 동안 들려 오는 모호한 불안의 소리를 무시할 수 있습니다. 지난 몇 주 동안 그는 스스로가 '꿀꿀한' 상태에 있다고 말해왔습니다. 그리고 오늘은 처음으로 스스로 인정합니다. "난 우울해."

우리는 캣의 상황에서 불안과 우울의 요소들을 많이 볼 수 있습니다. 즉, 그의 기분은 대부분의 시간 동안 가라앉은 상태에 있고, 자신의 미래에 대해 걱정하고 있으며, 스스로에 대해 더욱 부정적으로 생각하기 시작합니다. 그의 활동은 그에게 기쁨이나 만족을 거의 주지 못하고 있고, 자신이 좋아하는 것들을 할 동기도 거의 없습니다.

치료를 위하여 저를 찾아오는 많은 분들이 자신의 삶의 상황들을 묘사하는데 캣의 상황과 닮아 있습니다. 사실 그들의 상황은 우리가 누군가를 우울하게 만들려고 의도할 경우 만들어 낼 만한 상황들—예를 들어 높은 스트레스, 낮은 보상, 최소한의 접촉 등과 같은 상황들—속에 놓여 있는 듯합니다. 우리가 적게나마 갖고 있는 에너지를 보람없을 일들에 사용하게 될 경우, 우리는 정신적·정서적·영적으로 스스로를 계속해서 고갈시키게 됩니다.

많은 CBT 프로그램들과 마찬가지로 이번 7주간의 여정에서 우리는 자신에게 보다 많은 보상을 안겨주는 것들을—즉, CBT의 'B'[3]의 일부를—스스로 해나가면서 시작할 겁니다.

왜 행동에서 시작할까요?

CBT는 생각과 행동 두 가지 모두를 다룹니다. 우리는 어느 한쪽에서든 시작할 수 있습니다. 하지만 CBT에서는 매우 자주 행동부터 다룹니다. 왜 그렇게 하는 것일까요?

첫째, CBT는 가장 단도직입적으로 시작하는 경향이 있습니다. 우리가 즐기는 일을 더 많이 하는 것은 까다로운 일이 아닙니다. 그렇다고 쉽다는 얘기는 아닙니다. 하지만 상대적으로 단순합니다. 가장 간단한 접근이 시작하기에 일반적으로 가장 좋은 지점입니다.

---

3   행동(behavior)을 가리킨다.

나는 왜 우울할까?

우리가 무엇 때문에 우울해졌는지 항상 알고 있는 건 아닙니다. 감사하게도 우리가 그 이유를 알고 나서야 기분이 좋아질 수 있는 건 아닙니다. 사실 고故 수전 놀런-혹시마Susan Nolen-Hoeksema와 동료들의 연구에 따르면 우리가 왜 우울한가 그 원인의 '밑바닥까지 알아'보려고 너무 많은 시간을 쓰게 된다면 우리의 마음이 비생산적으로 반추하기 시작함으로써 우리의 기분이 실제로는 더 나빠질 수 있다는 것입니다. 더 나은 기분을 느끼고 거기에 머무는 가장 빠른 길은 좋은 기분을 유지시켜주는 것들을 실행하는 일입니다.

둘째, 더욱 활동적으로 움직일수록 '가성비價性比' 효과가 크다는 사실을 연구는 보여주고 있습니다. 달리 말하면, 행동 변화에 적게 투자한다면 시간이 오래 걸릴 수 있습니다. 적절한 종류의 행동들을 한다면 항우울제 효과를 내는 경향이 있습니다.

끝으로, 우리의 행동을 바꾸는 일은 우리의 사고 변화에 "시동을 걸" 수 있습니다. 예를 들어, 우리는 캣처럼 "정말 아무도 나랑 시간 보내는 걸 원치 않아"라는 생각을 믿을 수도 있습니다. 이러한 믿음을 빠르게 검증할 방법은 친구들이 자신과 함께 어울리길 원하는지에 대해 그들에게 물어보는 것입니다. 친구들이 (대부분 그럴 겁니다) "그래"라고 답한다면, 사람들이 실제로 우리와 함께 어울리는 걸 정말 좋아한다는 증거를 얻는 것입니다.

우리가 이번 장에서 중점을 두는 치료 접근은 행동 활성화behavior activation라고 불리는 것입니다. 행동 활성화는 일반적으로 우울을 위한 치료기법으로 기술되고 있지만, 불안도 마찬가지로 낮춰줄 수 있습니다.

나는 무엇을 해야 할까요?

우울을 초래할 수 있는 것들은 많이 있습니다. 상실(일자리, 관계) 그리고 주요한 스트레스와 같은 것들이 그러합니다. 우리는 원인이 무엇이든 일단 기분이 저하된 느낌이 들게 되면, 우리의 기분을 좋게 해주는 것들을 더욱더 줄여나가는 경향이 있습니다. 그 결과 우리의 정신적, 정서적, 신체적 자원들은 다시 채워지지 못하게 됩니다. 말하자면 우리의 '자금 계좌'는 마이너스가 됩니다.

우리가 적절한 종류의 활동들을 하게 되면 우리는 더 나은 기분을 느끼게 됩니다. 하지만 무엇이 "적절한" 활동이 되게끔 해줄까요? 간단히 답변하자면 적절한 활동은 당신에게 보상을 해주는 것이어야만 합니다. 즉, 당신이 소중히 여기는 무언가를 제공해야 한다는 뜻입니다. 우리가 그저 "이걸 해보세요. 그러면 우울한 기분을 벗어나게 될 겁니다."라고 말한다면, 당신은 관심도 없어 하는 것들을 우리가 얘기하는 것일 수도 있습니다. 우리가 우울하고 불안할 때는 관심 없거나 기피하는 활동은 말할 것도 없고, 하고 싶은 일들을 해내는 일조차 상당히 어렵게 됩니다.

행동 활성화의 개발자들은 당신이 계획하는 활동들은 당신이 중요하게 여기는 가치values에서 도출해야 한다는 사실을 확실히 알아냈습니다. 이러한 내용은 칼 레주웨이Carl Lejuez와 그의 동료들이 공저한 치료 지침서에 기술되어 있습니다. 이와 같은 맥락에서 '가치'에는 도덕적이거나 윤리적인 함의가 없습니다. 물론 당신이 중요하게 여기는 가치에 도덕과 윤리를 포함할 수는 있습니다. 여기서 당신이 소중히 여기는 가치는 당신이 즐기거나 사랑하거나 만족을 얻는 활동은 무엇이든 해당됩니다.

목표 설정에서와 마찬가지로, 당신이 소중히 여기는 가치가 무엇인지 결정할 수 있는 사람은 오직 당신 자신뿐입니다. 당신이 여기서 표현하는 가치는 당신과 공명해야만 합니다. 우리는 종종 자신이 소중히 여기는 가치를 정할 때 우리에게 중요해야만 한다고 생각하는 것들에 근거를 두게 됩니다. 이는 아마도 부모님이 우리에게 얘기하던 것에 의존해서일 수도 있고, 사회가 우리에게 기대한다고 여기는 것들에 의존해서일 수도 있습니다. 그렇게 정하는 대신 우리가 소중히 여기는 가치는 우리에게 즐거움이나 기쁨을 가져다주고, 우리에게 유능감이나 성취감을 주며, 해볼 만한 가치가 있다고 느껴지는 것들에 기초하여 정해야 합니다.

좋은 소식이 있습니다. 당신이 지난주에 작업한 것들을 통해서 이러한 종류의 가치들에 대해서 이미 많은 생각들을 해왔다는 사실입니다. 당신이 소중히 여기는 가치들을 정의하면서 이러한 작업을 시작해가면 좋겠습니다.

더 많이 활동하기 또는 더 좋은 기분 느끼기 — 무엇이 먼저인가?

우리가 기분이 저하되고 곤경에 빠진 느낌이 들 때 우리는 종종 활동을 줄이게 됩니다. 즉, 우리는 사교 활동, 운동, 생활공간 돌보기 등의 활동을 하고 싶지 않게 됩니다. 이때 자신이 진퇴양난의 상태에 빠진 사실을 알게 됩니다. 즉, 뭔가 보다 많은 활동을 하기 전에는 기분이 나아지지 않겠지만 또 기분이 나아지기 전에는 더 많은 활동을 하지 못하기 때문입니다. 우리는 종종 스스로에게 이렇게 말합니다. "일단 기분이 좋아지면 더 많은 활동을 하게 될 거야." CBT는 반대되는 접근을 취합니다. 왜냐하면 우리는 일반적으로 자신의 감정보다는 행동에 대해서 보다 많은 통제력을 갖고 있기 때문입니다. 우리가 더욱 활동적으로 되기 위해 기분이 좋아질 때까지 기다린다면, 우리는 오랜 시간을 기다려야 할 수도 있습니다.

무엇이 중요할까요?

캣은 자신의 삶을 풍부하게 해줄 기회들을 만났을 때 '가장 쉬운 방법'을 취하는 경향이 있다는 사실을 알아차렸습니다. 예를 들면, 캣의 동료들 몇 명이 지난 토요일 저녁에 함께 즐기자는 제안을 했습니다. 캣은 가고 싶었고 보다 비공식적인 만남에서 동료들을 알아가는 게 재밌을 거라고 생각했습니다. 동시에 그는 모임 참여에 대해 다소 불안했습니다. "내가 재미를 느낄 수 있을까?" "그들에게 흥미로운 얘기를 들려줄 수 있을까?" "동료들은 내가 고루한 사람이라고 생각할까?" 그의 선택안은 다음 과 같았습니다.

■ 캣의 선택안들

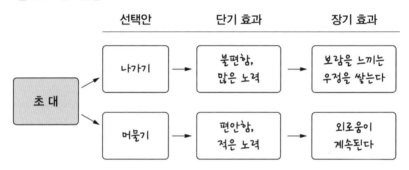

캣은 토요일 저녁이 다가오자 자신이 "컨디션이 좋지 않아서" 모임에 참여할 수 없다고 동료들에게 문자를 보내고 말았습니다. 캣은 그 대신 고양이와 함께 TV를 시청하며 아이스크림을 먹었습니다. 그날 저녁 그는 안도감을 느꼈습니다. 하지만 월요일 아침에 동료들이 토요일 저녁의 일들 을 떠올리며 얘기하는 걸 들으면서 외로움과 부끄러움을 느꼈습니다. "난 모임에 나가야만 했어."라고 그는 마음속으로 생각했습니다.

캣처럼 우리는 종종 장기적 이익이 되지 않는 일들을 해서 단기간에 보상을 받습니다. 캣에게는 그날 밤에 집에 머무는 것이 기분이 더 낫기는 하였지만, 좀 더 활동적으로 살면서 자신의 사회적 관계망을 넓히겠다는 목표로 향하여 나아가게는 하지 못했습니다. 또한 자신의 두려움에 맞서지 못했기 때문에 스스로에 대해 좋지 못한 느낌을 갖게 되었습니다. 우리가 어떤 활동에서 철수함으로써 얻는 단기적인 보상을 추구하는 것을 중단시켜 줄 활동들을 어떻게 실행할 수 있을까요? 그리고 우리가 진정으로 마음을 쓰는 일들을 함으로써 장기적인 보상을 증가시켜줄 활동들을 어떻게 실행할 수 있을까요?

세 가지 주요한 단계가 있습니다.

1. 지난주에 우리가 검토한 영역들 중에서 자신이 가치롭게 여기는 것들을 결정합니다.
2. 그러한 각각의 가치들에 해당하는 활동들을 도출해냅니다.
3. 구체적인 활동 계획을 세우고 실행을 완수합니다.

어떤 가치와 상응하는 활동들의 예를 들어 보면 다음과 같습니다.

가치: 내 생활환경을 아름답게 꾸미기
• 활동: 앞쪽 화단의 잡초를 뽑는다.
• 활동: 꽃을 심는다.
• 활동: 꽂이용 꽃을 구입한다.

다음 섹션에서는 우리가 소중히 여기는 가치들을 명료화하는 작업을 해 보겠습니다.

가치

위의 사례에서 볼 수 있듯이 가치에는 끝이 없다는 것을 주목하십시오. 우리의 생활환경에 대해 미화 작업을 "완성했다"고 우리가 말할 수 있는 시점은 없습니다. 가치는 우리의 일생 전반에 걸쳐 확장될 수 있습니다. 이와 대조적으로 활동은 구체적이고 시작과 끝이 있습니다. 다만 우리가 원하는 만큼 많이 반복할 수는 있습니다.

다음 세 쪽에 걸쳐 있는 「가치와 활동」 양식을 활용하여 삶의 각 영역에서 자신이 소중히 여기는 가치들을 적어보십시오. 삶의 각 영역의 가치마다 세 개의 활동을 적을 수 있게 되어 있습니다만, 그보다 많거나 적게 도출하여도 괜찮습니다. 명심하실 것은, 당신이 소중히 여기는 가치들이 '묵직'하거나 극적일 필요는 없다는 겁니다. 우리 자신의 삶을 더 낫게 만들어주는 것이라면 무엇이든 하나의 가치가 됩니다. (지금은 '활동' 칸을 비워두세요.)

가치와 활동

관계

가치:
활동:
활동:
활동:
가치:
활동:
활동:
활동:

교육/경력

가치:
활동:
활동:
활동:
가치:
활동:
활동:
활동:

신념/확장[발전]/의미

가치:

활동:

활동:

활동:

가치:

활동:

활동:

활동:

신체 건강

가치:

활동:

활동:

활동:

가치:

활동:

활동:

활동:

여가/이완

가치:
활동:
활동:
활동:
가치:
활동:
활동:
활동:

가사 분담

가치:
활동:
활동:
활동:
가치:
활동:
활동:
활동:

당신이 선택한 가치들은 서로 다른 영역에 속할 수 있습니다. 예를 들어, '친구들과 시간 보내기'는 '관계' 또는 '여가/이완'에 속할 수 있습니다. 이러한 경우에 자신에게 더 그럴듯한 영역을 선택하십시오. 만약 결정을 내릴 수 없다면 그냥 임의로 선정하십시오. 따지고 보면 중요한 것은 활동을 도출하고 완수하는 것이지 어떻게 범주화하느냐는 아니기 때문입니다.

아마도 당신은 자신이 소중히 여기는 가치들을 파악하는 작업을 지금 당장 끝마치지는 않을 겁니다. 잠시 각 영역에 대하여 생각해 보시고, 초기 목록을 도출해보십시오. 주중에 또 추가하시게 될 겁니다.

활동

이제 각각의 가치에 속하는 활동들이 무엇인지에 대하여 생각해 보실 시간입니다. 이러한 활동들은 즐거우면서도 중요한 일일 수 있습니다. 가족과 함께 공원에 가는 일이 그 예일 수 있습니다. 다른 활동들은 즐거움은 많을 수 있지만 중요성은 적을 수 있습니다. 즐거운 영화를 시청할 경우가 그렇습니다. 일상의 상당수 과제들은 중요성은 높지만 큰 즐거움을 주지는 않습니다. 접시를 닦는 일이 그렇지요. 이러한 사례들은 설명을 위한 묘사입니다. 무엇이 즐겁고 중요한 일인지는 어디까지나 당신 스스로 결정할 일입니다.

> "우울로부터 자유로운 삶의 핵심은 보다 건강한 행동 패턴을 발전시키는 데 있다. 여기에는 매일의 삶에서 충족감을 느끼도록 해주고 마치 당신의 삶에 목적이 있는 듯이 느끼게 해주는 중요하거나 즐거운 활동들이 포함된다."
>
> — 칼 레주웨이와 동료들, 2011, p. 123

정의에 따르면 즐거움과 중요성 양쪽 측면이 모두 낮은 활동들은 당신이 소중히 여기는 가치에 속하지 않는 것들입니다. 가치와 마찬가지로 당신이 선택하는 활동들은 "웅장"할 필요가 없습니다. 사실 웅장하지 않은 게 더욱 좋습니다. 우리가 우울할 때는 거대한 제스처가 필요한 게 아니라 그저 작고 간단한 발걸음이 필요할 따름이니까요. 예를 들어, 캣은 다음과 같은 '신체 건강' 영역의 목록을 완성하였습니다.

■ 캣이 완성한 「가치와 활동」 양식

신체 건강

가치:	좋은 음식 즐기기
활동:	집에서 만든 아이스크림을 함께 즐길 친구 사귀기
활동:	주중 식사를 위한 계획 짜기
활동:	빵, 치즈, 과일을 사서 강변에서 점심 먹기
가치:	건강과 튼튼함을 느끼기
활동:	10시에는 취침하기
활동:	집 근처의 수영장 딸린 체육관에 가입해서 운동하기
활동:	온라인 영상을 보면서 고강도 인터벌 트레이닝(interval training) 하기

캣의 활동들이 '좋은 몸매 만들기'나 '요리 배우기'처럼 느슨하게 정의된 것이 아니라, 자신이 목록에 올린 활동을 해냈을 때 그 사실을 알 수 있을 만큼 충분히 구체적이라는 점에 주목하십시오. 너무 모호한 활동들은 자신이 관리할 수 없다는 느낌을 받게 될 수 있고, 이는 그러한 활동을 해낼 동기를 오히려 끌어내릴 수 있습니다. 모호하게 정의된 활동들은 또한

우리가 그러한 활동을 완수한 시점에 대한 분명한 감각을 선사하지 못합니다. 즉, 성취감을 주기보다는 오히려 "내가 할 수 있는 게 언제나 더 남아 있어"와 같은 성가신 느낌을 키우게 됩니다. 우리가 명확하고 관리할 수 있는 행동들을 정의하게 되면, 그러한 활동들을 완수해낼 가능성과 함께 그걸 해냈다는 만족감을 얻을 가능성이 보다 많아집니다.

딩신은 새로운 활동들을 모두 다 고안해낼 필요가 없습니다. 당신이 이미 하고 있는 활동들도 더 자주 하고 싶다면 분명 포함시킬 수 있습니다. 이러한 활동들은 당신이 보다 보상적인 활동들을 스케줄에 포함시킬 때 훌륭한 시작 지점이 될 수 있습니다. 또한 당신의 활동 목록을 지금 완전히 마무리하는 것에 압박감을 느끼지 마세요. 시간을 갖고서 각각의 생활 영역의 활동들 몇 가지에 대해 아이디어를 모아보세요. 목록을 시작하고 나서 나중에 다시 그 목록으로 돌아오는 게 도움이 됩니다. 주중에 다시 그 목록을 돌아볼 때 거의 분명히 보다 더 많은 아이디어를 얻게 될 겁니다.

스스로를 돛대에 묶기

호머Homer의 서사시 『오디세이Odyssey』에서 율리시즈(오딧세이아)는 사이렌Siren의 노래를 듣고 싶었습니다. 하지만 사이렌의 노래를 듣는 사람은 누구나 저항할 수 없이 끌려 들어가 "그들이 부르는 노래의 달콤함에 빠져 결국 죽음에 이르게" 됩니다. 분명 율리시즈는 그 노래를 듣기 위해 죽고 싶지는 않았습니다. 그래서 그는 부하들에게 명해서 자신을 배의 돛대에 밧줄로 묶게 했습니다. 그는 또한 선원들이 사이렌의 노래를 들을 수 없게끔 그들의 귀를 밀랍으로 틀어막도록 했습니다. 그리고 부하들에게 다음과 같이 지시했습니다. "내가 풀어달라고 아무리 절을 하고 빌더라도 오히려 나를 더 단단히 묶어두도록 하라."

율리시즈는 앞을 내다보았고 자신이 시험받을 상황을 알았습니다. 그는 자신의 빈약한 의지력을 믿지 않았습니다. 즉, 자신의 의지력이 시험에 맡길 만큼 충분하지 못함을 알았지요. 그래서 자신이 해서는 안 될 행동을 방지하는 계획을 세운 겁니다.

이러한 비유는 CBT에 완벽하게 들어맞습니다. 우리는 종종 어떠한 일들이 우리가 의도했던 것들을 포기하도록 도전해올 것인지를 미리 알고 있습니다. 이러한 지식으로 무장하고서 우리는 자신에게 이롭지 못한 일들을 실행하기 힘들도록 우리의 삶에 여러 가지 조치를 취할 수 있습니다. 예를 들어, 체육관에 우리가 만나는 운동 파트너를 두게 되면 오전 5시 30분에 울리는 알람을 끄고 싶은 마지막 순간에 운동 가는 일에서 '뛰어버릴' 가능성을 낮춰줍니다.

이러한 접근 방식을 실행할 기회들을 당신의 삶에서 찾아보십시오. 당신이 해보길 바라는 일들을 해낼 가능성을 늘려나가길 바랍니다.

「매일의 활동」 양식 검토하기

이번 주의 활동 원칙을 염두에 두면서 지난주부터 진행한 자신의「매일의 활동」양식을 검토해보는 시간을 갖기 바랍니다. 무엇을 알아차렸나요? 자신에게 즐겁고 중요하게 느껴지는 활동들을 얼마나 자주 실행하고 있나요? 하루 중에 어떤 공백—뭔가 거의 아무것도 하고 있지 않은 시간들—이 있나요? 또는 그 반대로 매 순간이 활동으로 꽉 채워져서 실제로 삶을 즐길 시간이 전혀 남아 있지 않은가요?

잠시 시간을 내어 자신의 최근 활동들에 대한 당신의 관찰과 느낌들을 여기에 적어보시기 바랍니다.

....

....

....

....

....

어디에서 시작할까요?

이제 당신이 가치에 기반한 활동 목록을 만들었기에, 우리는 어디에서 시작할지 구체화할 수 있습니다. 자신의 활동 목록을 면밀히 살펴보면서 각 활동 옆쪽에 어려운 정도에 따라서 1, 2, 3 중의 하나를 쓰시기 바랍니다. 보다 쉬운 활동들은 '1'이 될 겁니다. 이는 아마도 당신이 이미 하고 있는 활동이거나 큰 어려움 없이 해낼 수 있는 활동입니다. 그리고 아직은 본격적으로 다루는 것을 생각하기 힘든 활동이라면 '3'을 표기하십시오. 그 가운데 어딘가 위치하는 활동들은 '2'로 표기합니다.

모든 CBT 작업에서와 마찬가지로 7주간의 여정에서 이 부분은 점진적으로 진행됩니다. 당신은 '1'로 표시된 활동들을 통해 작업을 시작할 것입니다. 이번 주에는 당신에게 가장 흥미를 끄는 가장 쉬운 활동 중에서 세 가지를 선택하십시오. 통상적으로 각기 다른 영역에서 활동을 선택하는 것—당신에게 다양한 보상적인 활동의 기회를 제공하는 것—이 최선의 결과를 가져옵니다.

당신이 선택한 활동들을 아래 빈칸에 적어보시기 바랍니다.

활동 1:

....

활동 2:

....

활동 3:

....

각 활동의 왼쪽 공간에 당신이 어느 날에 그 활동을 할지 적어보세요. 그리고 나서 새로운「매일의 활동」양식에 당신이 활동을 실행하기로 계획한 시간대에 그 활동을 적어 넣습니다. 다른 두 활동에 대해서도 동일하게 작업하되, 각각 다른 날짜(그리고 양식)에 기입하시기 바랍니다.

다가오는 주에는 당신이 하기로 계획한 구체적인 활동들이 적힌 날짜에 있는 매일의 활동들을 지속적으로 점검하기 바랍니다.

확률을 끌어올리기

자신이 이번 주를 위하여 계획했던 활동들을 살펴보면서, 각 활동에 방해가 될 수 있는 것들에 대해 주의 깊게 생각해 보십시오. 우리가 계획했던 것들을 할 것이라고 보장할 수는 없지만, 우리가 선호하는 방향으로 그 확률을 밀어 올릴 수 있습니다.

확률을 끌어올리는 가장 좋은 방법 중 하나는 그러한 활동을 다룰 만한 정도로 만드는 것입니다. 올바른 방향으로 가는 작은 걸음이 전혀 내딛지 못한 큰 걸음보다 훨씬 낫습니다. 예를 들면, 캣의 활동 중 하나는 수영장이 있는 체육관에 가는 것입니다. 계획을 이렇게 세울 때 이런 과제 자체가 압도감을 안겨준다는 점, 즉 "어느 체육관?" "내 고글은 어디에 있지?" "내가 좋아하는 수영복이 없는데…" 등을 깨달았습니다. 캣은 이러한 방해물들을 각각 잘게 나누어 체육관 선택하기, 고글 찾아보기, 수영복 구입하기와 같이 구분했습니다. 이들 각각이 하나의 활동입니다. 추진력 momentum이 지닌 가치는 더 이상 강조하기 힘들 정도로 중요합니다. 따라서 우리가 공을 굴릴 수 있기 위해서는 가능한 한 활동을 잘게 나누는 작업이 필요합니다.

운동이 불안과 우울에 대해 제공하는 유익

일상에서의 규칙적인 운동이 우울과 불안 모두에 긍정적인 영향을 미친다는 사실이 많은 연구를 통해 밝혀졌습니다. 그 영향력은 항우울제와 거의 동일한 크기입니다. 운동을 멈추게 되면 그 유익이 감소하는 게 놀랍지 않습니다.

보다 강렬한 운동은 보다 유익한 경향이 있습니다―그 운동이 유산소 운동(예: 달리기나 자전거 타기)이냐 무산소 운동(예: 웨이트)이냐는 중요하지 않습니다.

운동이 왜 우리의 심리적 건강에 유익할 수 있는지에 대해서 몇 가지 설명이 있습니다.

• 운동은 수면을 개선하는 경향이 있고, 더 좋은 수면은 거의 모든 것에 도움이 됩니다.
• 운동은 우리가 부정적인 생각에서 벗어날 수 있게 해줄 수 있습니다. 우리가 신체 운동을 열심히 하고 있을 때 문젯거리에 집중하기는 보다 더 어렵기 때문입니다.
• 우리가 다른 사람들과 운동을 함께할 경우 운동은 긍정적인 사회적 접촉을 할 수 있게 해줍니다.
• 운동은 우리 자신을 위하여 뭔가 좋은 일을 했다는 것에서 오는 만족감을 제공할 수 있습니다.

이유가 무엇이든 규칙적인 운동은 우울과 불안을 위한 치료계획의 중요한 부분일 수 있습니다.

당신은 또한 자신이 계획한 각 활동의 '보상 가치reward value'를 주의 깊게 고려하는 것에서 유익을 얻을 수 있습니다. 만약 어떤 활동을 할 당시에 즐겁지 않다면, 일단 그 활동이 이루어진 다음에 그 활동은 당신에게 어떤 만족을 제공해야만 합니다. 그렇지 않다면 그 활동은 아마도 '할 가치가 없는" 범주에 속하게 될 것입니다.

가능하다면 언제든 활동을 실행할 특정한 시간을 설정하고 그 시간을 엄호하십시오. 시간이 확보되지 않는다면 그 활동을 제쳐놓게 되고 "나중에 할 거야"라는 함정에 쉽사리 빠질 수 있습니다. 우리가 언제든 무언가를 내일 할 수 있다며 미루게 된다면 그 일을 오늘(또는 내일) 하게 될 가능성은 줄어들게 됩니다.

끝으로, 설명할 책임accountability을 만들어보는 것을 목표로 삼으십시오. 설명할 책임은 누군가에게 우리가 무언가를 할 것이라고 말하는 것과 같이 단순한 것입니다—배우자에게 "나는 아침에 운동하러 나갈 거요"라고 말하는 것과 같은 것입니다. 우리가 만약 운동을 나가지 않는다면 그것에 대해 질문을 받게 될 가능성이 높다는 것을 알고 있습니다. 또한 이 프로그램이 진행되는 동안 자신의 활동들에 대해 기록을 유지하는 일은 자신이 어떻게 하고 있는지에 대하여 당신이 설명을—스스로에게—제공하도록 해줍니다.

요약하면, 당신이 다음과 같이 할 때 계획된 활동들을 완수할 가능성이 가장 높아집니다.

1. 각 활동을 구체화하고 다룰 만한 정도로 만들기
2. 각 활동을 즐겁거나 중요한 일로 만들기
3. 각 활동을 위한 특정한 시간을 설정하기
4. 설명할 책임을 자신의 계획에 포함하기

자신에게 도움이 된다고 알고 있는 추가적인 요소들을 아래 빈칸에 추가하십시오
예를 들면, 압도감을 방지하기 위하여 한 번에 하나의 과제에 집중하기.

....

....

....

....

....

잘 하셨습니다. 이제 당신은 이 7주간의 여정에서 2주차에 있습니다. 당신은 자신의 목표를 세웠고 어떠한 활동들이 당신의 삶을 향상시킬지를 결정하는 커다란 걸음을 내딛었습니다. 당신은 자신의 활동 목록은 쉬운 것, 중간 정도, 어려운 것으로 나누었습니다. 그리고 이번 주 특정한 시간대에 실행할 세 가지 활동을 선정하였습니다.

이 프로그램의 목표는 당신이 자신의 목표를 향하여 움직여 나아갈 수 있는 방식으로 생각하고 행동하도록 돕는 것입니다. 다음 장에서 우리는 당신의 생각 패턴을 파악하는 작업을 시작할 것입니다. 이제 잠시 시간을 내어 3주차를 위한 시간계획을 세워보세요.

아래의 빈칸에는 이번 주의 작업에서 눈에 띄었던 것들을 반영하여 적어보십시오. 주요하게 배운 점은 무엇입니까? 명확하지 않아서 생각해 볼 시간이 더 필요한 무언가가 있었나요? 바로 지금 어떻게 느끼고 있는지, 그리고 앞으로 진행할 주에 대해서 어떻게 느끼는지 적어보십시오. 저는 3주차에 뵙겠습니다.

....

....

....

....

....

....

....

....

활동 계획

1. 계획된 시간에 당신의 세 가지 활동을 완수해보세요.
2. 계획된 활동 날짜에 당신의 매일의 활동을 지속적으로 기록해보세요.
3. 당신이 시작했던 「가치와 활동」 양식을 마무리해보세요.

자신의 생각 패턴 파악하기

앞 장에서 우리는 당신 삶의 주요한 영역에서 당신이 소중히 여기는 것들과 아울러 이러한 각각의 가치를 지원하는 활동들을 파악하기 시작하였습니다. 그리고 나서 완수할 행동들을 세 가지 선정하였습니다. 이번 주에 우리는 당신의 활동들이 어떻게 진행되었는지 살펴보면서 시작하려고 합니다. 그리고 나서 당신의 생각 패턴을 파악하는 작업을 함께 진행할 겁니다.

잠시 시간을 내어 자신의 세 가지 활동이 어떻게 진행되었는지 검토해 보십시오. 어떤 활동이 잘 진행되었나요? 어떤 활동이 보다 더 잘 진행될 수 있었을까요? 자신의 생각을 이 책 끝부분에 제공된 노트 섹션에 적어보십시오.

활동 1:

....

활동 2:

....

활동 3:

....

지금까지 당신이 구체적인 활동들을 계획하고 완수해온 것에 대하여 어떤 생각과 느낌이 드나요?

....

....

....

....

....

....

....

....

....

....

이 지점에 도달하면 사람들은 우리의 프로그램에 대하여 다음과 같은 반응을 흔히 보입니다. "제가 계획한 활동들을 하긴 했어요. 하지만 기분은 조금도 나아지지 않았어요." 이런 일이 당신에게도 나타났다면 잘 하신 겁니다. 그것은 당신이 자신의 계획을 어렵지만 지켜나갔다는 뜻입니다. 만약 당신이 계획한 것들을 함으로써 어떤 감정의 고조를 **정말로** 경험하셨다면 훌륭한 일입니다. 어느 쪽이든 계속해서 나아가십시오.

이 프로그램은 운동을 통한 다이어트exercise regimen와 많이 닮았습니다. 처음의 몇 가지 운동은 매우 힘겨울 것이고, 당장은 어떤 유익을 느끼지 못할 겁니다. 같은 방식으로, 몇 개의 활동을 추가하는 것은 단기적으로는 큰 차이를 만들어내지 않을 겁니다. 하지만 이 프로그램을 지속해서 하신다면, 그 차이를 알아차리기 시작할 겁니다.

당신이 지난주에 작업했듯이, 이번 주에 완수할 활동들을 선정해보세요. 지난주에는 세 가지 활동을 계획하였습니다. 이번 주에는 네 **가지** 활동을 선정해보세요. 지난주에 했던 활동을 다시 해 볼 필요가 있다면 반복할 수 있습니다. 하지만 새로운 활동들을 몇 가지 추가하도록 노력해보십시오. 도전적인 활동과 해낼 만한 활동 사이에서 균형을 잡는 활동들을 찾기 위해서는 실습이 필요합니다. 당신이 부여한 순위 '2'를 완수할 수 있다는 확신이 서 있지 않다면, 순위 '1'에 해당하는 활동들을 계속해 나가시길 권합니다.

아래의 공란에 활동들을 적어보세요.

활동 1:

....

활동 2:

....

활동 3:

....

지난주에 당신의 활동들을 계획하면서 말씀드린 모든 조언들을—자신의 활동들을 특정해놓은 시간대에 기입하기를 포함하여—명심하시기 바랍니다.

생각 파악하기—닐과 함께

닐Neil이 처음 저를 방문했을 때는 지난 6개월 동안 실직한 상태였습니다. 25년 동안 그는 큰 금융회사의 IT 부서에서 일해왔는데, 시장이 위축되고 회사가 허리띠를 졸라매면서 해고를 당했습니다.

자신의 물건을 챙기라는 말을 들은 순간부터 그는 해야 할 모든 일을 제대로 해왔습니다. 자신의 회사가 비용을 지불하는 전직轉職 알선 서비스 프로그램에 참여하였고, 사람들을 만나 정보를 수집하고 직장에 지원서를 넣고 하면서—상근직 일자리를 알아보면서—바쁘게 지냈습니다. 그는 해고된 일을 보다 나은 무엇을 찾을 기회로 삼기로 결심했습니다.

여러 곳에서 면접도 잘 보았지만 여전히 어디서도 그를 고용하지 않았습니다. 닐의 열정은 시들해지기 시작하였습니다. 하루의 시작을 일찍 시작하는 게 보다 더 어려워졌습니다. 그리고 자신이 그저 일자리를 알아보는 활동만을 해나가고 있는 것으로 느껴졌습니다.

첫 방문 스케줄을 잡기 위해 막 전화를 걸려던 참에 그는 실업급여가 곧 중지될 것이라는 알림장을 받았습니다. 알림장을 받기 전에 이미 그는 위기감에 휩싸여 있었는데, 이 마지막 타격이 엄청난 스트레스와 우울감을 한꺼번에 몰고 온 느낌이었습니다. 그는 52세였는데 어린 성인 자녀들을 위한 자금이 필요합니다. 즉, 이제 막 대학원생이 된 딸의 월세와 아들의 대학 등록금 납부를 지원해야 합니다. 대출금은 앞으로 10년간 더 상환해야 해서 그의 재정 스트레스는 압도적이었습니다.

아내는 매우 지지적이었고 그가 해야 할 일들을 하도록 잘 격려해 주었습니다. 그렇지만 아내도 자신만의 스트레스가 있고 상근직 일을 하고 있기 때문에 아내에게 기댈 수 있는 것도 한계가 있다는 것을 닐은 알고 있었습니다. 닐은 다음과 같은 생각이 머릿속을 스치고 지나갈 때 자신이 정말 고투를 벌이고 있다는 것을 알게 되었습니다. "내가 죽는 게 아내와 아이들에게 더 좋을 수도 있을 거야. 생명보험금을 탈 수 있을 테니까." 그날 닐은 저에게 전화를 했습니다.

닐의 긍정적인 기질은 기꺼이 인정해줄 만한 것입니다. 그는 우선 헌신적인 사람으로서 무엇보다도 가족들에게 그러했습니다. 그리고 자신이 언제나 가족들에게 제공해왔던 것들을 해주지 못할 수도 있다는 생각을 견디기 힘들어 합니다. 닐이 자신의 상황이 추락해가는 것에 대해 강력하게 저항하고 있음을—오름세를 유지하려 애쓰고 있음을—저는 알 수 있었습니다. 하지만 제가 초기 평가를 진행해감에 따라 그의 방어가 무너지고 있음을 알 수 있었습니다. 제가 구직 활동에 대해 물어보았을 때 반쯤 미소를 지으면서 결론을 내리듯 이렇게 말했습니다. "제 생각엔 아무도 늙은 남자를 고용하길 바라지 않는 거 같아요."

첫 두 주 동안의 치료작업에서 우리는 닐이 다시 활동적으로 되는 것에 함께 초점을 맞추었습니다. 구직 활동은 그의 활동 계획의 큰 부분을 차지하였습니다. 물론 신체 운동과 즐거운 여유시간을 갖는 것 역시 중요한 부분이었습니다(이 부분은 닐이 "그런 걸 누릴 자격이" 자신에게는 없다고 생각했기 때문에 대부분 포기하고 있던 일들이었습니다). 닐이 자신의 활동들에 대해 작업을 해나가면서 자신에게 강력한 영향을 미치는 생각과 추정들이 그의 길을 방해하고 있다는 사실이 분명해졌습니다. 우리는 그의 생각을 정면으로 다루어야만 할 것입니다.

인지적 접근에 대한 리뷰

우리의 정서적 반응의 상당수는 일어나는 일들에 대하여 우리가 어떻게 생각하는가에서 옵니다. 우리는 인간으로서 우리의 세계를 이해하길 원합니다. 따라서 사건들을 설명해줄 이야기를 창조해냅니다. 예를 들면, 어떤 친구가 우리에게 화가 나 있다면, 우리는 이 친구가 비합리적으로 되기 쉬운 경향이 있고 화를 낼 만한 이유가 없다고 생각할 수도 있습니다. 만약 우리가 그러한 생각을 믿는다면, 이 친구를 향하여 약간의 노여움을 느낄 수도 있습니다. 우리는 이러한 순차적 흐름을 다음과 같은 도표로 그려볼 수 있습니다.

친구가 내게 화가 나 있다 →
"이 친구 또 분별력을 잃었군." → 친구에게 노여움을 느낌

만약 친구가 분명 어떤 이유가 있어서 화가 났다고 당신이 추정한다면, 그리고 그것이 당신의 잘못이라면 어떨까요? 당신은 아마도 다른 감정을

느낄 가능성이 높습니다.

친구가 내게 화가 나 있다 →

"난 변변치 못한 친구야." → 걱정, 죄책감

우리의 감정을 추동drive하는 사고를 이해하는 것에서의 주요한 도전과제는 그러한 생각들이 종종 스스로를 드러내지 않는다는 사실입니다. 어떤 사건에 대한 우리 자신의 해석 때문에 괴로움을 겪고 있음에도 우리는 사건 그 자체에 의해 괴로움을 겪는 것이라고 생각합니다. 우리가 통상 경험하는 것들은 감정을 일으키는 사건입니다.

친구가 내게 화가 나 있다 → 친구에게 노여움을 느낌

또는

친구가 내게 화가 나 있다 → 걱정, 죄책감

그 결과 그러한 사고가 합리적인지 여부를 질문할 기회를 갖지 못합니다. 왜냐하면 우리는 자신이 지닌 생각을 알아차리기조차 못하기 때문입니다. 우리가 생각으로서 알아차리지도 못하는 사고를 평가한다는 것은 어려운 일입니다. 이러한 이유로 우리는 자신의 생각과 믿음을 알아차리는 실습을 해 볼 필요가 있습니다. 이러한 실습은 이번 장의 나머지 부분에서 전념해야 할 만큼 매우 중요합니다.

당신은 자신의 마음이 자신에게 알려주는 것들에 대해 보다 더 잘 알아차리게 되어서 자신의 사고 과정의 어떤 변화를 알아차리고 있을 수도 있습니다. 자신의 생각들을 적어놓는 것에는 뭔가 유익함이 있습니다. 우리가 자신의 생각과 맺는 관계를 변화시키기 시작할 수 있는 계기가 되니까요. 제가 스스로에게 무언가를 말해 주고 있다는 것을 알아차릴 경우 그러한 말들이 참일지 참이 아닐지에 대해 알아볼 수 있습니다.

사고를 어떻게 파악할 것인가

닐은 초기의 어느 회기에서 또 다른 회사에서 실망스럽게도 거절한 일을 묘사하였습니다. 어떤 게 실망스러웠는지 좀 더 말해달라고 요청하자 그는 이렇게 대답하였습니다. "여태 일자리가 없는 건 정말 절망스럽습니다. 아시죠? 제 생각엔 누구나 이런 상황에서는 좌절감을 느낄 겁니다."

닐에게 중요한 점이 있습니다. 그에게 일어나고 있는 일들이 비록 긍정적인 사건들이 아니긴 하지만 닐은 어떻게든지 더 비틀어서 부정적인 사건으로 만들고 있었습니다. 집안의 재정을 책임지고 있고 일자리를 찾기 위해 고투를 벌이는 일은 본질적으로 스트레스를 많이 받는 일입니다. 동시에 우리 각자는 이러한 경험에 대해 다른 식으로 반응합니다. 우리는 닐의 반응이 정확히 어떤 것이었는지 파악할 필요가 있습니다.

저는 닐에게 긴장을 풀고 눈을 감아보라고 요청하였습니다. 그리고 자신이 일자리를 얻지 못했다는 뉴스를 어디에서 언제 들었는지 상상해보라고 했습니다. 그러고 나서 고용 관리자와의 대화를 자세하게 얘기해보라고 요청했고 닐은 그렇게 하였습니다. 그리고 저는 그가 스스로 어떻게 느끼고 있는지에 대해 주의를 기울이도록 안내하였습니다. 그는 어떠한 감정을 알아차렸을까요? 몸에서 어떤 감각을 알아차렸을까요? 어떤 생각이 그의 마음속에서 지나갔을까요?

닐은 눈을 뜨고서 이렇게 말했습니다. "맞습니다. '누군가가 날 고용할 이유가 과연 있을까?' 그게 제가 가진 생각이었습니다." 그러한 질문에 대한 암묵적으로 갖고 있는 답변이 무엇인지 생각해 보도록 그에게 권했습니다. "음, 저는 그걸 수사적인 것으로 생각했어요." 그가 대답했습니다. "저의 생각은 아무도 나를 고용하지 않을 거야"였습니다. 우리가 대화를 계속해가는 동안 닐은 스스로가 '공룡처럼' 시대에 뒤떨어진 사람으로 보인다는 말을 했습니다. "대학을 최근 졸업한 지원자들을 보게 됩니다." 그가 저에게 말했습니다. "그들은 제 딸내미 나이인데 똑같은 일자리를 위해 저도 같이 면접을 보고 있는 거죠. 이런 아이들에 비해서 이중초점 안경을 쓰고 머리가 반백인 사내에게 무슨 희망이 있겠어요?"

이러한 불합격 경험에 대해서 이제 무엇이 그렇게 실망스러웠는지 쉽게 알 수 있었습니다. 일자리를 얻지 못한 것뿐만 아니라, 그가 일자리를 얻지 못하게 막고 있는, 자신이 바꿀 수 없는 어떤 것(그의 연령)이 있다는 것을 스스로 되뇌었던 것도 있습니다. 그는 스스로에게 이렇게 되뇌고 있었습니다. "나는 내 시간을 낭비해서는 안 돼. 이건 헛된 일이야." 그가 구직 활동에 노력을 적게 들이고 있는 게 놀랄 일이 아니었습니다. 구직 활동이 에너지를 낭비하는 일처럼 보였으니까요.

잠시 시간을 내서 최근에 갑자기 불쾌한 감정이 올라왔던 일에 대해 생각해 보시기 바랍니다. 당시에 어디에 있었는지 무슨 일이 일어나고 있었는지에 대해 생각해 보십시오. 가능한 한 생생하게 떠올려 보십시오. 이제 기분의 변화를 가져오게 했던 사건을 간략하게 기술해보십시오. 또한 자신이 느꼈던 감정(들)에 대해 묘사해보십시오.

....

....

....

....

....

....

....

....

자신이 당시에 하던 생각에 대해서 무엇이든 알아차려 보세요. 그 결과로 생긴 감정을 설명해줄 수 있는 구체적인 생각을 파악할 수 있나요? 당신이 관찰한 내용을 여기에 적어 보시기 바랍니다.

....

....

....

....

....

불안 및 우울과 관련된 자신의 생각에 대해 숙고해보면서, 그 생각들이 어떠한 시간대에 초점이 맞춰져 있는지 알아차려 보십시오. 어떤 분은 아마도 이미 일어났던 일들에 대한 설명을 다루고 있을 겁니다. 또 어떤 분들은 미래의 사건—어떤 일이 일어날 수도 있다는 예측들—에 대해 다루고 있을 수도 있습니다. 하지만 또 다른 어떤 사람들은 바로 지금 일어나고 있는 사건을 다루고 있을 수도 있습니다.

때때로 생각은 이미지나 인상으로 나타납니다. 예를 들어 우리는 스스로에 대하여 "나는 허약해"라는 생각으로 드러내기보다는 작고 무력한 존재로서의 어떤 이미지를 갖고 있을 수도 있습니다. 자신의 생각을 파악하는 실습을 하고 있을 경우, 그러한 사고가 언어의 형태를 띠고 있을 수도 있고 아닐 수도 있다는 점을 기억하십시오.

우리는 어떤 하나의 에피소드로부터 그러한 사건, 생각, 감정을 도표로 그릴 수 있습니다. 최근에 닐이 일자리를 거절당한 경험에 대한 도표는 다음과 같습니다.

■ 닐의 사건/생각/감정 도표

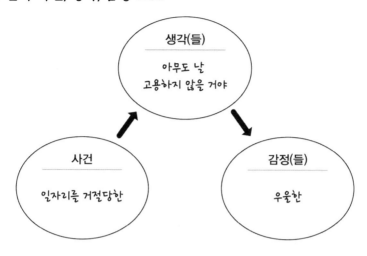

당신의 삶에서 마음을 울적하고 우울하게 몰아가는 어떤 일이 일어났을 때를 생각해 보십시오. 어떤 생각이 마음속을 스쳐 지나가나요? 그 사례를 아래의 도표를 이용하여 묘사해보시기 바랍니다.

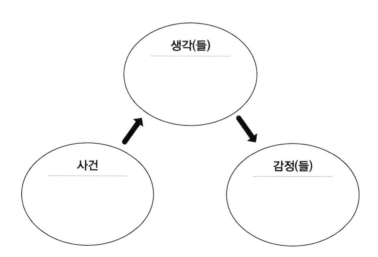

자신의 생각을 파악할 수 없다면?

다른 사건들을 돌이켜볼 때 닐은 자신의 생각이 무엇이었는지 알아차리지 못했습니다. "재밌군요." 그가 말했습니다. "하지만 우리가 이러한 것들에 대해 대화를 나누기 전에는 제가 생각을 하고 있다는 것조차 정말 생각하지 못하고 있었네요. 저는 그저 제가 세상을 바라보는 방식을 사실로만 여겼어요. 지금은 저의 생각이 무엇인지 알아차리는 작업을 여전히 하고 있습니다." 이러한 삽화들에 대해서 우리는 여지를 남겨놓습니다. 즉, 닐의 생각을 명확히 이해하기 위해서 우리는 새로운 사건들에서 더 많은 정보를 수집해야만 할 겁니다.

상당히 많은 경우 우리가 무슨 생각을 하고 있었는지 그 순간에 실제로 현존하지 않고서는 정확히 알기가 어렵습니다. 어떤 감정으로 이끈 생각을 핀으로 집어내듯이 알아낼 수 없더라도 걱정하지 마세요. 실습할 기회가 굉장히 많이 있기 때문입니다. 우리가 스스로 되뇌는 얘기들에 귀를 기울여 듣는 걸 배우는 일은 사실 평생에 걸쳐 다듬어나갈 일입니다. 지금이 작업은 그저 시작일 뿐입니다.

이번 주를 위한 활동 계획의 일부는 당신의 기분이 가라앉을 때 최소한 세 가지 사실을 기록해보는 일입니다. 무슨 일이 일어나고 있었는지, 당신은 무엇을 느꼈는지, 그리고 어떠한 생각(들)을 했었는지를 간단히 적어보는 겁니다. 당신은 이러한 삽화들을 「생각 파악하기」 양식에 적어볼 수 있습니다.

불안과 우울의 공통 주제

닐은 자신의 생각을 더 잘 알아가게 되면서 익숙한 '등장인물들'을 알아차렸습니다. 그의 마음을 어지럽히는 생각들 대부분은 "절망적인" 미래에 대해서였습니다. 그런 미래를 그려내는 게 자신이 이제 나이가 많아 "노후화"한 결과라고 생각했습니다. 이는 자신의 가족들을 부양하지 못하게 되리라는 의미로 그에게 다가왔습니다. 이러한 생각은 또한 스스로 무가치한 인간으로 여기게 했습니다. 닐이 우울해하는 게 이상할 게 전혀 없었습니다! 닐은 자신이 늙었고 불필요하고 쓸모없는 존재라는 생각들로 끊임없이 폭격을 당하고 있었으니까요.

이번 주에 자신의 생각과 감정을 기록하면서, 반복적인 주제들을 알아차리기 시작할 기회를 갖게 됩니다. 우리의 마음은 자동전축jukebox[4]과도 같아서 어떤 촉발사건이 "버튼을 누르면" 몇 번이고 반복해서 틀어줄 몇 가지 '히트곡들'이 있을 따름입니다. 불안과 우울에 대한 우리의 개인적인 경험들은 우리가 종종 지니는 생각의 종류들과 긴밀한 연관이 있습니다.

특정한 심리적 조건에서 나타나는 몇 가지 공통적인 사고 유형들에 대해 생각해봅시다. 우리는 불안장애부터 시작할 겁니다. 자신에게 해당되지 않는 상태들에 대한 실습은 건너뛰어도 됩니다.

---

4 요금을 넣고 저장된 음악 중에서 듣고 싶은 음악을 들을 수 있음.

특정 공포증

우리가 무언가를 두려워할 때 우리는 종종 그 대상이 위험하다고 믿습니다. 우리가 비행기를 타는 것에 대해 두려움을 갖고 있다면 비행기를 탔을 때 들려오는 설명할 수 없는 소음들이 뭔가 잘못되었음을 가리킨다고 생각할 수도 있습니다. 동일한 사건을 두 사람은 각자의 해석에 따라 전혀 다른 식으로 경험할 수도 있습니다. 비행기 앞머리가 아래로 향할 때, 엔진이 고장 나서 비행기가 아래로 빠르게 내려가고 있다고 생각한다면 공포에 휩싸일 수도 있습니다. 하지만 만약 "오, 괜찮아. 우리는 하강하기 시작한 거야."라고 생각한다면 매우 다른 감정을 느끼게 될 겁니다.

자신이 품고 있는 두려움들에 대해 생각해 보십시오. 그리고 당신의 두려움이 촉발되었던 최근의 어떤 시기를 떠올려 보십시오. 당신의 두려움에 기여했을 수도 있던 어떤 생각이 있는지 알아차릴 수 있나요? 아래의 도표를 활용하여 그런 사건과 생각들과 감정들을 기록해보십시오.

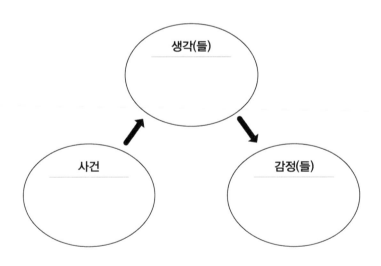

공황

공황panic은 **즉각적으로** 어떤 상황에서 도피하거나 그 상황을 변화시키지 못하면 어떤 끔찍한 위기가 임박하리라는 믿음에 의해 더욱 악화됩니다. 저는 언젠가 한번 비현실감derealization을 경험한 삽화episode가 있었는데요, 저의 치료실이 이상하게도 낯설게 느껴졌던 겁니다. 저는 뭔가 아주 지독할 정도로 잘못되었다는 사실과 함께 제가 뇌졸중이나 아니면 뭔가 의료적 응급상황에 처한 게 틀림없다는 사실을 갑자기 **깨닫게 되었습니다**. 저는 밖으로 나갔는데, 의식을 잃게 될 즈음에는 어딘가 공공장소에 있어야겠다는 생각이 들었기 때문입니다. 일단 밖으로 나가서 보다 나아진 기분을 느끼기 시작하게 되자, 제가 공황발작을 경험했다는 사실 그리고 "위험"에 대한 지각을 이상한 비현실적 감각으로 변환시킴으로써 더욱 악화되었다는 사실을 알게 되었습니다.

공황장애에 대한 그 밖의 공통적인 신념들은 다음과 같습니다.

- 운전 중에 공황에 빠지면 차를 어딘가에 들이받고 말 거야.
- 공황발작이 너무 나쁘게 오면 기절하고 말 거야.
- 내가 공황에 빠져 있다는 걸 모든 사람이 알게 돼서 난 당황스러울 거야.
- 공황에 빠지면 통제력을 잃고서 누군가를 공격할 거야.
- 공황은 제대로 볼 수 없게 만들어서 정말 위험해질 수 있을 거야.
- 공황 상태를 멈추지 못하면 나는 미쳐버리고 말 거야.
- 심장마비가 오고 있어.
- 공황발작으로 충분한 공기를 마시지 못해서 질식사할 수도 있어.
- 가장 안 좋은 시간에 공황이 오면 갑작스레 설사를 하게 될 거야.

당신이 만약 공황 문제로 분투하고 있다면, 공황발작을 경험했던 구체적인 시간들에 대해 생각해 보십시오. 공황발작을 촉발한 것은 무엇이었나요? 당신은 그 촉발요인을 더 많은 공포와 더 많은 공황으로 이끄는 식으로 해석하였나요?

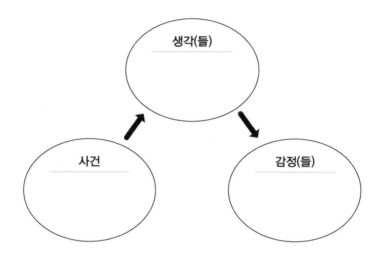

사회불안장애

사회불안장애로 몰고 가는 생각은 다른 사람들 앞에서 당혹하게 만드는 무언가를 스스로 하게 될 거라는 생각입니다. 우리가 사회불안을 느끼는 경향이 있다면, 우리는 사회적 상황에서 일어나는 일들에 대해 가능한 가장 부정적인 해석을 만들어낼 가능성이 높습니다. 사회불안장애에서 큰 어려움 중 하나는 우리가 불안해한다는 사실을 타인들이 알게 될 거라는 것에 대하여 종종 두려워한다는 점입니다. "그들은 내가 얼굴을 붉히고 있는 것을 알아챌 거야. 당황하다니 난 바보야." 이렇게 혼잣말을 할 수도 있습니다. 또는 이렇게 생각할 수도 있습니다. "내가 떨리는 목소리를 내면 그들은 나를 신뢰하지 못하게 될 거야." 다른 사람들에게 자신이 불안해

보일 것에 대한 불안은 오히려 불안을 고조시키는 경향이 있고 이는 악순환을 가져오게 됩니다.

만약 당신이 사회불안을 많이 느낀다면 타인들의 판단을 두려워했던 최근의 상황을 생각해 보세요. 이러한 상황에서 어떤 일이 일어날 수도 있다는 당신의 생각들이 무엇이었는지 파악해보실 수 있을까요?

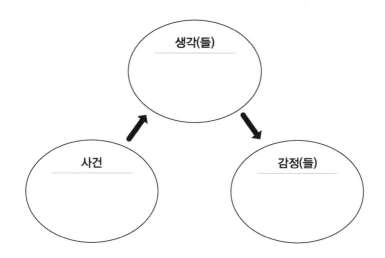

범불안장애

생각하기thinking는 범불안장애generalized anxiety disorder의 매우 두드러진 특징 중 하나입니다. 그런 생각들은 뭔가 일어날 수 있는 안 좋은 것에 대하여 "만약 ...한다면?"과 같은 사고방식으로 종종 시작됩니다.

- 만약 이번 시험을 망친다면?
- 만약 내 두통이 뇌종양에 걸렸다는 것을 의미한다면?
- 만약 부모님께 무슨 일이 일어난다면?
- 만약 일자리를 잃게 된다면?
- 만약 증시가 완전히 폭락해서 내 은퇴자금이 날아가 버린다면?

이는 "일반화된 것[범]"이어서 이렇듯 범불안장애에 속하는 걱정들은 어디에나 달라붙을 수 있습니다. 또한 '이런 나쁜 일이 벌어지지 않게끔 난 뭔가를 해야만 해'와 같은 암묵적인 신념[믿음]을 갖게 되는 경향이 있습니다. 우리에게 그 상황을—그게 어떤 상황이든지 간에—통제할 책임이 있는 것처럼 느낍니다. "분명히 그런 일이 일어나지 않게끔" 해야만 한다고 자기 자신에게 되뇔 수도 있습니다. 그리고 어떤 정신 활동(걱정하는 것)을 통해서 그 문제를 다루려고 애쓸 겁니다. 그것은 마치 체스 게임에서 상대방의 움직임을 미리 알지 못하면서도 경기 전체를 미리 다루려고 하는 것과도 같습니다. 그러면서도 여전히 다가올 게임을 "해결하려고" 애쓰게 되지요.

불행히도 우리가 전형적으로 걱정하고 있는 것들은 완전히 우리의 통제 하에 있는 것은 아닙니다. 우리가 시험에 실패하지 않으리라고, 의료적 위기를 맞지 않으리라고, 가까운 누군가를 잃지 않으리라고, 기타 등등 우리는 그렇게 절대적으로 확신할 수 있습니까? 이런 식으로 우리는 생각하기의 순환thinking loop에 빠지게 됩니다. "만약 …한다면"에서 시작하여, 우리가 두려워하는 것들이 일어나지 않도록 **확실하게 해주는** 어떤 해법을 생각해내려고 애씁니다. 우리가 찾고 있는 확실성을 확보할 수 없기 때문에 우리는 "만약 …한다면"으로 되돌아가게 됩니다.

예를 들어 우리는 아이들의 안전에 대해 걱정할 수도 있습니다—"만약 아이들이 캠프에 가서 심하게 다친다면?" 일어날지 아닐지 알 수 없는 나쁜 일들의 목록을 가득히 채우게 되고 그러면서 우리는 아이들이 잘 있을 거라고 자신을 안심시키려고 애쓰게 됩니다. 하지만 물론 우리는 아이들이 정말 안전한지를 알 수 없습니다. 그래서 우리의 마음은 "만약 …한다면"으로 되돌아가고 그런 악순환이 계속됩니다.

범불안장애를 겪고 있는 사람은 또한 걱정하기가 유용한 연습이라고 믿을 수도 있습니다. 예를 들어 우리가 무언가에 대해 걱정한다면 우리는 그것이 일어나지 않게끔 할 수 있고, 그래서 걱정하기를 멈추는 일은 우리의 방어를 내려놓는 게 된다는 믿음입니다. 우리가 언제나 걱정하고 있고 그래서 걱정하는 일이 일어나지 않았다면 그때 우리는 걱정하는 게 "효과가 있다"고 믿기 쉽습니다. 우리가 걱정했기 때문에 그럴 수도 있겠지요! 아니면 끝없는 걱정이 우리 자신에 대해 뭔가 좋은 점(예: '우린 신경 쓰고 있거든')을 말해준다고 믿을 수도 있습니다.

만약 스스로를 너무 많이 걱정하는 사람으로 보신다면, 최근에 불안을 촉발했던 상황을 떠올려 보십시오. 어떤 상황이었나요? 그리고 그러한 고통을 가져온 어떤 생각이 무엇이었는지 파악할 수 있나요?

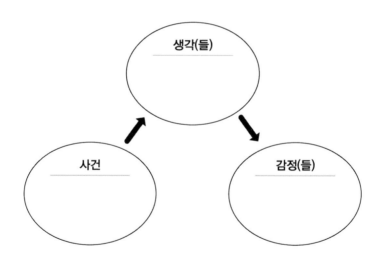

공포에 대한 공포

우리가 위험하다고 믿고 있는 상황이나 대상들에 대한 생각을 이해하기는 어렵지 않습니다. 즉, 우리의 두려움은 위험에 대한 우리의 신념과 맞물려 있습니다. 하지만 우리가 진실로 위험하지 않다는 것을 알고 있는 상황이나 대상이지만 여전히 그러한 상황이나 대상을 피하고 두려워한다면 어떻게 된 일일까요?

종종 우리는 자신의 공포에 대해 두려워합니다. 극도로 두려워하는 게 위험하다고 생각할 수도 있고, 우리가 지나치게 두려워한다면 뭔가 재앙적인 일이 생길 수 있다고 생각할 수도 있습니다. 우리가 심장마비나 뇌졸중에 빠질 거라고 생각할 수도 있습니다. 또한 우리가 두려워하는 것에 직면할 경우 우리의 공포가 영원히 지속되리라 믿고 있을 수도 있습니다.

뭔가를 너무 두려워함으로써 우리가 "참지 못하"거나 "미쳐버릴" 거라고 두려워하는 것은 드문 일이 아닙니다. 우리가 너무 공포에 빠진다면 "공포를 넘어선" 곳으로―나쁜 것보다 더 악화된 질적으로 다른 경험으로―넘어 가버릴 수 있다고 우리는 어느 정도 믿고 있을 수도 있습니다. 우리가 "매우 흥분한" 결과 "그것을 견딜 수 없게 되"고 뭔가 당혹스러운 일을 저지르게 될 거라는 생각을 할 수도 있습니다.

공포와 불안에 대한 당신 자신의 경험들을 떠올려보십시오. 어떤 상황이나 대상들이 위험하지 않다는 것을 알면서도 두려워하는 것들이 있나요? 공포에 빠진 결과 어떤 일이 벌어지고 말거라고 예상하는 게 있나요? 다음의 공란에 당신의 생각들을 적어보세요.

....

....

우울의 공통 주제

닐은 그에게 잘 맞는 회사로 보이는 곳에서 두 번째 면접을 보았습니다. 그러고 나서 그의 호기심을 끄는 일이 벌어지기 시작했습니다. 그는 회사에 뭔가 잘못된 게 있다고 추정하기 시작하였습니다. 왜냐하면 '그렇지 않다면 그들이 왜 나를 고용하고 싶어 하는 걸까?'라는 생각을 한 겁니다. 그는 아내에게 그 면접에 대해 얘기하면서 부끄러움을 느꼈습니다. 애초에 아내에게 얘기하지 않으려고 했지만 그가 정장을 준비하는 것을 보고서 어디서 면접을 보느냐고 아내가 물었기 때문입니다.

닐과 저는 그의 사고 과정을 이해하기 위하여 함께 작업하였습니다. 그들이 자신에게 여전히 관심이 있다하더라도 자신의 나이를 알게 되면 정말 필사적으로 다른 누군가를 고용하려 할 게 분명하다고 스스로에게 되뇌고 있었다는 사실을 그는 발견하였습니다. 그 결과 그는 그 회사에서 면접을 보는 것에 대해 한심한 느낌이 든다고 스스로 되뇌었습니다.

우리는 우울할 때 종종 어떤 실망스러운 사건이 무엇이 되었든지 간에 우리 자신이 실패한 증거로 간주합니다. 때때로 우리는 긍정적인 사건들조차도 부정적인 것으로 변환시킵니다. 우울에 빠진 생각 과정은 승리조차도 패배로 전환시킵니다. 우울에 빠지게 하는 공통적인 사고들은 어떻게 해서든 "뭔가 부족"하다는 주제들에 집중합니다. 예를 들면 다음과 같습니다.

- 나는 허약해.
- 나는 패배자야.
- 나 같은 사람을 진실로 사랑해줄 사람은 아무도 없을 거야.
- 나는 뭐든지 망쳐버려.

절망감hopeless은 우울한 사고 과정에 흔히 있는 주제입니다. 그리고 절망감은 "뭐 하러 그래?"와 같은 태도를 가져옵니다. 우리는 이렇게 추론합니다. "만약 우리가 하는 일이 아무것도 개선하지 못한다면 왜 쓸데없이 우리 에너지를 변화시키려는 데에 낭비하는 거야?" 이러한 종류의 사고 과정은 그 자체로 순환고리에 빠질 수 있습니다―그것은 활동을 무력화하고, 가라앉은 기분을 지속시키며, 상황이 결코 개선되지 않을 거라는 신념을 계속해서 지니게 만들기 때문입니다.

만약 당신이 우울을 겪고 있다면, 무언가가 정말 당신의 기분을 아래로 끌어내렸던 최근의 시점을 떠올려 보십시오. 그러한 일에 대해 스스로 무어라고 되뇌었던가요? 당신은 이번 장을 읽고 있는 와중에도, "이런 건 아마도 내게 효과가 없을 거야"라든가 "뭘 말하려는 거지? 난 내 생각들이 이상하다는 걸 알고 있어. 날 도와줄 수 있는 건 아무것도 없어."와 같이 우울 가득한 생각을 해왔을 수도 있습니다. 잠시 시간을 내어 어떤 일이 일어났는지 그리고 당신이 어떠한 생각을 했는지 기록해보세요.

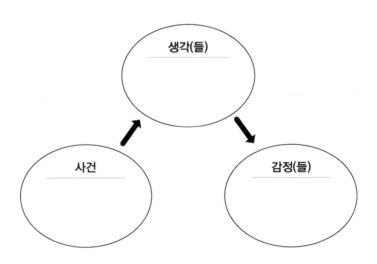

핵심에 다가서기

닐은 점진적으로 자신의 모든 생각들이 어떤 '최종 목적지'를 공유하고 있다는 사실을 알아차리게 되었습니다. 자신이 하는 생각들을 모두 다 추적해보면 결국 그 생각들은 모두 다 닐 자신이 쓸모없고 한심한 존재라는 믿음으로 끝난다는 사실을 발견했습니다. 이러한 생각과 함께 떠오르는 이미지도 있었습니다. 세탁기와 건조기 사이의 바닥에 떨어져 있는 다 헤진 목욕수건이 떠올랐는데, 아무도 그걸 집어 들려고 하지 않았습니다. 우리는 그의 생각들을 다음과 같이 그려보았습니다.

■ 닐의 핵심 신념 도표

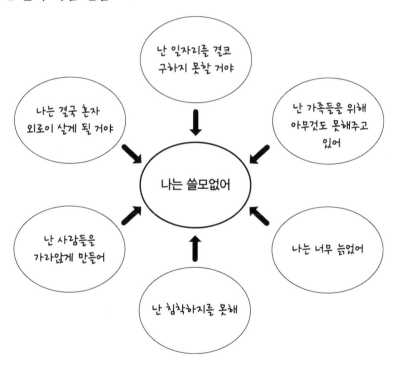

가장 중심이 되는 생각이나 이미지는 아론 벡을 비롯한 여러 사람들이 '핵심 신념core belief'이라고 부르는 것들을 반영합니다. 앞서의 특정한 생각들은 모두 다 이렇게 중심이 되는 신념에서 나오고 또 동시에 그러한 신념을 강화해줍니다.

- 내가 전반적으로 쓸모없고 한심하다는 믿음은 나의 핵심 신념과 관련된 더 많은 구체적인 생각들을 하게 만듭니다.
- 그러한 구체적인 생각들은 나의 핵심 신념을 지지하는 '증거'로 받아들여집니다. 이러한 생각들의 정체를 파악하고 점검하지 않고서는 이러한 사이클이 계속 진행됩니다.

우리는 불안과 관련해서도 이와 유사한 현상을—우리의 '핵심 두려움' 또는 '큰 두려움'이 보다 작은 두려움들을 몰고 오는 현상을—목격하게 됩니다. 예를 들어 만약 내가 죽게 되어 아이들을 놔두고 떠날 거라는 핵심 두려움이 자리잡고 있다면, 아마도 나는 병에 걸리거나 여행을 떠나거나 집에서의 안전과 같은 이슈에 대해 극도로 불안해할 수도 있습니다.

당신은 아마도 이 지점에서 자신의 핵심 신념들과 두려움이 무엇인지에 대한 어떤 암시를 얻었을 수도 있습니다. 앞으로 남은 날들과 이번 주 전반에 걸쳐 자신의 핵심 신념들과 두려움을 파악하는 것을 도와줄 정보를 모으게 될 것입니다. 일단 우리가 이렇게 주된 이슈들을 정확하게 집어내게 되면, 그것이 기본적으로 우리의 마음이 계속해서 우리에게 보내고 있는 똑같은 메시지라는 사실을 깨닫게 되면서 보다 효율적으로 작업할 수 있게 됩니다.

이번 주를 위한 실습

이번 주에는 자신의 기분이 악화하는 것을 알아차리는 시점에 대해 주의를 기울여보세요. 가능한 한 그 사건과 가까운 시간에—이상적으로는 "실시간으로"—자신의 감정을 부추기고 있는 생각들을 잡아챌 수 있는지 확인해 보세요. 「생각 파악하기」 양식을 가까이 둠으로써 가능한 한 빨리 양식을 완성할 수 있도록 하세요. 다음 주에 우리는 당신이 도출한 것들을 활용하여 이러한 생각 패턴들을 깨뜨리고 벗어나는 작업을 시작해볼 겁니다.

이번 장에서 당신은 또 하나의 중요한 단계를 밟았습니다. 즉, 당신을 불안과 우울로 몰아가는 생각 중 일부를 구체화하기 시작하였습니다. 저는 당신이 이번 주에 이루어낸 진전이 어떠한 것이든지 하나의 성공으로 받아들이시길 바랍니다. 우리 대부분은 자신의 기저에 있는 생각들을 발견하기 위해서 열심히 작업을 해야만 합니다. 따라서 만약 당신이 그러한 작업이 쉽지 않다는 것을 알았다면, 걱정할 필요가 없습니다. 계속해서 밀고 나가십시오. 가치 있게 여기는 활동들을 자신의 스케줄에 포함시키는 것에 대하여 지난주에 당신이 시작한 작업 또한 계속해서 해 나가시길 바랍니다.

잠시 시간을 내어 현시점에서 자신이 어떤 기분을 느끼고 있는지 생각해 보시기 바랍니다. 아래의 공란에 자신의 생각과 감정들을 적어보세요. 마찬가지로 질문이 있다면 무엇이든 적어보세요.

....

....

....

....

....

....

....

....

....

....

활동 계획

1. 이번 주를 위하여 계획했던 네 가지 활동을 완수해보세요.
2. 최소한 세 가지 사건에 대하여 「생각 파악하기」 양식을 완성해보세요.
3. 이제 4주차 여정을 완수하기 위하여 복귀할 시기를 계획해보세요.

부정적인 생각 패턴 깨뜨리기

당신의 귀환을 환영합니다. 3주차에 우리는 당신의 삶에 여러 가지 활동들을 포함하는 계획수립 작업을 지속적으로 진행하였습니다. 지난주를 위하여 수립된 활동들이 네 가지 있었습니다. 그러한 활동들에 대해 잘 진행된 것들을 아래의 공란에 적어보세요.

....

....

....

....

....

....

당신이 기대했던 것과 다른 것이 있었나요? 실행 과정에서 마주쳤던 어떤 어려움이나 즐거운 놀라움이 있었다면 그런 내용을 포함해서 적어보세요.

....

....

....

....

....

....

....

....

이러한 활동에서 알게 된 것들로서 이번 주에 적용할 수 있는 것들이 있는지요?

....

....

....

....

....

....

....

....

당신의 지난주 경험에 근거하여 활동 목록 중 다섯 가지를 선정하고서 지난 여러 주들과 동일한 절차로 진행해보면서 활동들을 완수할 날짜와 시간을 설정해보세요. 만약 그러한 활동들이 해 볼 만하다면, 보다 도전적인 활동들(순위 '2' 또는 '3')에서 선택해보세요.

지난주에 완수하지 못한 활동들이 있다면, 당신은 여전히 그것들이 실행할 가치가 있다고 믿고 있나요? 만약 그렇다면 그러한 활동들을 완수할 확률을 높이는—가령 보다 작은 과제들로 쪼개어보는—방법들을 숙고해보십시오. (필요하다면 95쪽에 있는 「확률을 끌어올리기」를 읽어보세요.) 다음 쪽에 있는 양식에 당신이 선정한 다섯 가지 활동들을 적어보십시오.

활동 1:

....

활동 2:

....

활동 3:

....

활동 4:

....

활동 5:

....

이제 이번 주의 이러한 활동들을 위한 일정을 당신의 일지에 기록하십시오.

당신은 3주차에 자신의 사고 패턴들을 점검하는 작업도 시작하였습니다. 최소한 세 가지 사건에 대하여 「생각 파악하기」 양식을 완성해보세요. 지난 한 주 동안 당신이 작성하였던 기록들을 검토해보시기 바랍니다.

....

....

....

....

....

....

....

....

....

....

알렉스, 돌파해 내다

"그건 제가 지금까지 저한테 문제가 있다고 생각해왔던 것들 모두가 정말 그렇다고 확인시켜주는 것이었어요." 알렉스Alex가 갈라진 목소리로 말했습니다. "저는 모든 사람을 실망시키고 있어요. 그들은 제게 의존하고 있는데, 저는 저 자신도 제대로 못 챙기고 있거든요." 그는 눈물을 닦아내고서

손으로 눈을 가리고 앉았습니다.

주초에 알렉스의 감독자인 다이앤이 자신의 사무실로 그를 호출하였습니다. 다이앤은 알렉스가 직무에 대한 기대치를 충족시키고 싶다면 더 많은 시간을—저녁과 주말을 포함하여—투입해야 한다고 말했습니다. 다이앤은 자신도 어린아이들의 엄마로서 20년 전부터 직장 일을 해야 했다는 것, 그리고 여성들이 직장에서 진지하게 받아들여지기 위해서는 헌신하고 있음을 증명해야 한다고 얘기했습니다. 알렉스는 더욱 많은 노력을 쏟겠다는 약속을 했습니다. 하지만 사기가 완전히 땅에 떨어진 것을 느끼며 미팅을 끝냈습니다.

알렉스는 4주 전에 저와 치료작업을 시작하였습니다. 그는 어린 두 딸을 키우고 있는 가운데 큰 규모의 임원 MBA 프로그램의 부책임자로서 부담이 많은 업무에 대해 시간을 확보하기 위한 고투를 벌이고 있었습니다. 그의 인생은 오로지 일이었고 여유 있게 즐기는 시간은 전혀 없었습니다. 그의 하루는 오전 5시 반에서 7시 반 사이에 필사적이고 광란의 도가니 같은 아침 일상으로 시작해서 곧 이어 네 살짜리 아이를 유치원에 데려다주고 18개월짜리 아이는 주간 돌봄에 태워다줍니다. 그러고 나서 오후 6시까지 직장에서 녹초가 되도록 일하고 있었습니다.

알렉스가 귀가할 때까지 그의 어머니가 오후 늦게까지 아이들을 돌봐주곤 하였습니다. 그 다음에 분주한 저녁시간을 보내고 나서 오후 7시 반 무렵에야 아이들은 조용해집니다. 부엌을 정리하면서 남편 사이먼과 그날 하루에 대해 처음으로 대화를 나눌 수 있는데 그 시간도 15분 정도에 불과합니다. 그러고 나서 그들은 저녁에 각자 자신들의 소소한 일들을 처리하고 다음 날을 위한 준비를 합니다. 그는 종종 저녁에 검토할 서류들을 집에 가져오지만 10시 반이 되어서도 별로 검토하지는 못하고 앉은 채로 잠이 들고 만다는 사실에 언제나 깜짝 놀라곤 합니다.

그의 둘째 딸이 태어난 이래로 알렉스는 잠을 제대로 잘 수 없었습니다. 그의 신경은 곤두서 있었고 종종 초조함을 느꼈는데, 예전에는 전혀 그런 성격이 아니었습니다. 그는 자신이 아이들에게 좀 더 인내심을 갖기를 바랐습니다. "오늘 아침 네 살짜리 아이가 동생에게 '엄마가 오늘 아침은 이상하니까' 호들갑 떨지 말라고 얘기하는 걸 들었어요." 그는 제게 말했습니다. "제가 엄마로서 실패자인 것처럼 느껴졌어요."

알렉스의 첫 2주간의 치료작업에서 우리는 즐겁고 회복적인 활동 몇 가지를 그의 일상에 적용해보는 소소한 방식들을 찾아보는 데 집중하였습니다. 예를 들어, 사이먼에게 토요일 아침에 아이들을 봐달라고 요청해서 친구와 함께 실내 자전거 운동기구를 타러 갈 수 있도록 계획하였습니다. 그는 또한 직장에서 귀가할 때 차 안에서 라디오를 통해 좋지 않은 뉴스들로 폭격을 받는 것보다 고전음악을 듣는 게 보다 이완 효과가 있음을, 그리고 그러한 활동이 그의 소중한 시간을 조금도 앗아가지 않는다는 사실을 깨달았습니다. 그는 지난주에 힘겨웠던 사건들이—자신의 감독자와의 만남을 포함하여—진행되는 동안 자신이 어떤 생각들을 했는지 점검하기 시작하였습니다.

이번 주는 당신의 생각들을 면밀히 검토해보는 시간입니다. 당신의 마음이 자신에게 어떠한 말을 하고 있는지 주의를 기울임으로써 자신의 생각과 관련하여 어떠한 문제들이 있는지를 알아차리기 시작할 수도 있습니다. 예를 들면, 자신의 모든 생각들이 100퍼센트 진실은 아니었다는 사실을 깨달을 수도 있습니다. 자신의 생각들이 중력에 끌려가듯 부정적인 해석들로 끌려들어갔다는 사실을 알아차릴 수도 있습니다—다른 해석들이 가능했음에도 불구하고 말이죠. 당신에게 그러한 경향들이 있었음을 무엇이든 알아차린 게 있다면 아래에 적어보세요. 하지만 알아차린 게 없더라도 걱정하지 마세요. 자신의 사고 과정을 면밀하게 검토해볼 기회들이 많이 있으니까요.

....

....

....

....

....

....

....

....

1장에서 다루었듯이 우리의 생각은 감정에 강력한 영향을 미칩니다. 우리가 우울하거나 불안할 때 생각은 우리에게 도움이 되지 않는 패턴으로 빠져들 수 있습니다.

도움이 되지 않는 생각들

생각이 우리에게 도움이 되는 방식들에 대해 숙고해보십시오. 우리는 미래를 계획할 수 있고, 과거의 행동들을 돌이켜볼 수 있고, 타인들의 동기를 평가할 수 있으며, 우리가 좋아하는 추억들을 맛보는 일 등을 할 수 있습니다. 우리의 생각들이 현실과 충분히 잘 어우러질 경우 우리에게 좋은 도움이 됩니다.

지난주에 당신이 기록한 생각 중 일부는 정확할 수 있고, 따라서 도움이 됩니다. 우리의 마음은 또한 **현실을 정확하게 반영하지 못하는 생각들도**

만들어낼 수 있습니다.

- 우리는 잘못된 예측을 합니다.
- 우리는 누군가의 의도를 오해합니다.
- 우리는 상황을 잘못 해석합니다.

우리는 누구나 사고 과정에서 실수를 저지릅니다. 언젠가 한 번 구직 면접에서 제 의견을 짧게 피력한 적이 있었는데 듣는 분들이 지루해하고 별다른 감흥을 못 느낀 게 분명하다고 확신했습니다. 집으로 걸어오면서 "난 망했어"라고 생각했습니다. 집에 도착하니 제게 일자리를 제공하는 이메일이 편지함에 있었습니다. 다행히도 우리는 **자신의 사고 과정**에 대해 **생각할 수** 있고, 자신의 생각을 스스로 납득할 수 있을 때와 없을 때를 알아차릴 수 있습니다.

자신이 생각하거나 믿었던 무언가가 거짓으로 판명 났던 경우를 생각해 보시고 아래 공란에 그러한 상황을 묘사해보세요.

....

....

....

....

....

....

....

....

사고과정의 오류들

사고 오류는 다음과 같이 다양한 방식으로 기술될 수 있습니다.

- **비합리적**irrational: 앨버트 엘리스는 우리의 사고가 종종 **말이 안 된다**는 사실을 강조하였습니다. 예를 들면, 우리는 모든 사람이 우리를 좋게 생각해야 하고 그렇지 않으면 우리 마음이 힘들어질 거라고 스스로에게 되뇝니다. 엘리스의 합리정서행동치료rational emotive behavior therapy는 비합리적 사고를 파악하고 그것을 보다 큰 안녕well-being으로 이끌어줄 합리적 생각들로 대체하도록 고안되었습니다.
- **역기능적**dysfunctional: 아론 벡의 인지치료에서 사고 과정에서의 오류는 '역기능적'이라고 불리는데, 그 이유는 그러한 오류들이 우리에게 **제대로 복무하지 않기** 때문입니다. 예를 들어 우리가 "어떤 식으로든 아무리 노력해봐야 소용없어"라고 스스로에게 말할 때, 우리는 스스로 실패할 수밖에 없도록 설정하고 있습니다. 역기능적 사고 패턴들을 파악함으로써 우리는 그러한 생각들을 우리의 목표들에 도움이 방향으로 작동하도록 해주는 생각들로 대체하는 작업을 해낼 수 있습니다.
- **편향된**biased: 우리가 불안하거나 우울할 때 우리의 생각이 얼마나 **한쪽으로 치우치는** 경향을 보이는지 상당히 많은 연구들이 증명해왔습니다. 예를 들면, 어떤 사람이 사회불안장애가 있는 경우 타인에게서 잠재적으로 부정적인 피드백은 알아차릴 가능성과 긍정적인 피드백을 무시할 가능성이 높습니다. 우리의 불안과 우울을 지지하는 정보에만 주의를 기울임으로써 우리는 자신의 부정적인 사고 패턴들을 강화하고 있는 것입니다.
- **왜곡된**dstorted: 사고 과정의 오류는 **현실을 정확하게 반영하지 못합니다.** 우리는 작은 실수를 한 다음에 우리가 완전히 무능하다고 생각하거나, 어떤 사람이 우리에게 불친절하게 대했기 때문에 아무도 자신을 좋아하지 않는다고 생각할 수도 있습니다. 인지치료를 통해서 우리는 사고 과정을 현실에 보다 더 부합하도록 바꿀 수 있습니다.

이렇게 사고 오류를 기술하는 방식들은 서로 연관되어 있습니다. 예를 들면, 편향된 사고들은 왜곡되어 있을 가능성이 높고, 비합리적 사고들은 거의 확실히 역기능적일 것입니다. 자신의 사고 패턴들을 파악하고 도전하는 과정에서 이러한 다양한 오류들을 마음속에 새겨두면 좋을 것입니다.

증거를 면밀히 검토하기

알렉스가 기록한 삽화*episodes* 중 하나는 특히 스트레스가 많은 아침과 연관되어 있습니다. 아침에는 가족 모두가 제시간에 집에서 출발하게끔 애써야 하기 때문입니다. 그는 초조함과 압도감을 느꼈고 직장에 차를 몰고 가면서 침울하게 생각하였습니다. "난 정말 모자란 인간이야."

우리가 이러한 생각에 대해 대화를 나누게 되면서 알렉스가 일반화하는 방식으로 생각했다는 것이 분명해졌습니다. "나는 누구한테나 정말 모자란 사람에 지나지 않아." 그는 이러한 믿음이 자신을 매우 심란하게 만든다는 사실을 발견했습니다. 우리는 이러한 생각에 대해 함께 주의 깊게 생각해 볼 필요가 있었습니다. 그러한 생각은 진실일까요?

우리는 먼저 알렉스의 생각을 지지하는 증거를 찾아보았습니다. 다른 사람들이 자신에 대해 실망했던 경우가 정말 있었습니다. 예를 들어, 그의 감독자와 아이들이—그가 아이들에게 잔소리를 했을 때—그렇습니다.

그런 다음 우리는 그의 생각에 반하는 증거들을 검토하였습니다. 자신의 생각과 모순되는 무언가를 생각할 수 있을까요? 그는 잠시 생각을 해 보고 나서 이렇게 말했습니다. "큰딸은 제가 좋은 엄마라고, '때때로 엄마가 소리를 질러대도' 좋은 엄마라고 이따금씩 제게 말해 줍니다. 정말요." 그는 이러한 사실을 '내 생각에 반하는 증거'란에 기입하였습니다. 우리는 이러한 실습을 계속하였습니다. 그러고 나서 양쪽 난을 서로 비교해보았습니다.

■ 내 생각을 지지하는 증거	■ 내 생각에 반하는 증거
• 다이앤은 내게 실망했었다.	• 다이앤은 내가 일을 잘 해내고 있다고 말해주기도 했다.
• 나는 종종 아이들에게 짜증을 낸다.	• 리비는 내가 좋은 엄마라고 종종 얘기해준다.
	• 남편은 내가 상당히 많은 일들을 해내고 있다고 말해준다.
	• 나는 상근 일을 하면서 두 딸을 키우고 있다.

나는 알렉스가 이제 자신의 처음 생각에 대해 어떻게 생각하는지 물어보았습니다.

"좀 한쪽으로 치우쳤어요." 그는 인정했습니다.

"어떤 게 빠져 있나요?" 제가 그에게 물었습니다.

"음, 제가 사람들을 실망시키지 않았던 경우들이 있어요."

우리는 그의 생각을 자신이 수집한 데이터와 보다 잘 부합하도록 바꾸는 작업을 하였습니다. 그는 예전에 이렇게 적었습니다. "최근 내가 바라는 것보다 더 자주 사람들을 실망시켜왔다."

저는 두 가지 생각 중 어느 것이 더 현실을 잘 반영하는지 물어보았습니다. 그는 비록 자신의 처음 생각이 어떤 점에서는 옳게 "느껴지기는" 했지만, 자신의 생각이 보다 합리적인 것이 되도록 바꾸기로 마음먹었습니다. 첫 번째 생각은 무지무지 부담이 되었다고 그는 말했습니다. 알렉스에게 두 번째 생각은 슬프게 느껴졌지만, "다룰 수 있는 슬픔"처럼 느껴졌습니다.

알렉스가 저에게 말했습니다. "저는 모자란 사람 그 이상일 수도 있어요." 그의 눈에 눈물이 차올랐고, 몇 번 멈칫거리고 나서야 말을 할 수 있었습니다. 끝으로 그가 말했습니다. "꽤 오랫동안 제가 비참할 정도로 실패하고 있다고 생각해왔어요. 이제는 그런 생각이 너무나 커져서 제게 희망이란 게 여전히 남아 있을까에 대해 거의 희망할 수 없을 정도예요."

이 사례에서 알렉스가 부정적인 생각들을 중화시키기 위하여 "행복한 생각들을 사고하는" 것이 목표가 아니었음을 주목하시기 바랍니다. 목표는 그 자신의 상황을—그리고 그 상황에 대한 자신의 사고 과정을—엄격하고 분명하게 바라보는 태도를 취하면서 정확한 판단을 내리는 것이었습니다. 만약 그가 모든 점에서 모자란 사람이라면, 그것은 우리가 알아야 할 중요한 정보일 것입니다.

당신 자신이 기록한 생각들에 대하여 작업을 해봅시다. 우선 당신을 가장 심란하게 만들었다고 생각되는 사건을 선택하세요. 아래 쪽에 있는 양식을 사용해서 당신의 생각을 지지하는 증거를 기록해보세요. 자신의 생각에 상반되는 증거가, 자신의 생각이 모든 진실을 말하지 않을 수도 있다고 제안하는 증거가 있나요?

사건	생각	감정

내 생각을 지지하는 증거:	내 생각에 상반되는 증거:

당신이 검토한 증거에 근거해서 볼 때 자신이 지녔던 그 생각이 얼마나 정확한가요?

....

....

....

그런 생각이 현실에 보다 더 부합하도록 만들기 위해 어떻게 변경해볼 수 있을까요?

....

....

....

긍정적인 측면들을 바라보기

알렉스는 스스로가 지독히 싫었던 적이 있었던 일을 다음과 같이 얘기해주었습니다. 그와 사이먼은 큰딸 리비의 친구 생일파티에 남편이 아이들을 태워다주기로 결정하였습니다. 그래서 알렉스는 자신의 친구를 만나러 갈 수 있었습니다. 그는 아이들 파티에 가지 않은 것에 대해 죄책감을 느꼈습니다. 그리고 지금까지 아이들의 행사를 놓쳤던 것들을 하나하나 떠올리기 시작하였고요.

우리는 알렉스의 생각을 면밀히 검토해보기 시작하였습니다. "저는 아이들에게 해주는 게 아무것도 없어요." 저는 그가 이러한 생각을 할 때 어디에 있었는지 그리고 어떤 일이 일어나고 있었는지에 대해 물어보았습니다.

그는 이렇게 얘기했습니다. "저는 리비에게 아빠가 파티에 데려다줄 거라고 말해주었어요. 저는 아이가 그것에 대해 괜찮아했는지 아닌지 알 수가 없었어요. 아이는 잠들기 위해서 제가 팔을 긁어주는 걸 좋아하는데 그날 저녁에도 리비의 침대에 저도 누워서 팔을 긁어주고 있었어요. 그러면서 저는 아이들을 실망시킨 것들을 기록해놓는 마음속 목록에 그날 사건도 추가하고 있었어요."

저는 그에게 질문했습니다. "이런 생각을 하실 때 어디에 있었다고 하셨지요?

그는 저에게 얘기하기 시작하다가 스스로 멈추었습니다. "오, 알겠어요. 그런 게 치료자의 질문이군요." 그는 한쪽 입꼬리를 올리며 미소를 지었습니다. "그건 아이러니한 거 같아요. 리비를 돌보려고 애쓰는 와중에 제가 아무것도 해주지 않고 있다고 생각하다니 말이죠."

우리는 마음이 자신이 보기를 원하는 것들만 보고 나머지는—바로 우리 눈앞에 있음에도 불구하고—무시하는 능력에 대해서 잠시 대화를 나누었습니다.

우리의 생각들을 지지하는 증거와 반하는 증거들을 찾아가면서 우리는 가용한 모든 정보에 대하여 가능한 한 마음을 열고 있어야 합니다. 만약 우리의 생각들이 부정적인 방향으로 편향되어 있다면 우리는 벌써 어떤 유용한 정보들을 간과하고 있는 것입니다. 만약 우리가 주의를 기울이지 않는다면 우리는 이러한 편향이 우리가 부정적인 사고 패턴들을 깨뜨리려는 노력보다 우위를 점하도록 허용할 수 있고 그럴 경우 원래 목적했던 것을 좌절시키게 됩니다.

당신이 전에 작업하고 있던 그 사례로 돌아가 봅시다. 자신의 사고 과정의 정확성을 검증하면서 보다 긍정적인 생각들을 지원할 수 있는 정보를 혹시 무시하고 있는지 숙고해보시기 바랍니다.

우리 자신의 생각들에 대해 도전장을 내미는 게 스스로에게 거짓말을 하고 자신의 불완전성을 부정하자는 게 아닙니다. 만약 우리가 스스로를 속인다면 그것을 꿰뚫어볼 만큼 우리는 충분히 똑똑합니다. 이 실습의 중요한 부분은 자신의 불완전성을 **수용하고** 자신이 진실로 인간임을 미워하지 않는 방향으로 성장해가는 것이다.

때때로 상황을 실제보다 더 나쁘게 판단하는 우리의 경향에 대해서 살펴보도록 합시다.

이것은 파국인가?

우리는 지금까지 편향이나 잘못된 예측과 관련된 사고 오류에 초점을 맞추고 살펴보았습니다. 우리는 주차 위반 딱지를 받는 게 우리가 끔찍하게 무책임한 것을 의미한다거나, 우리가 공황에 빠지면 기절할 거라든가, 우리가 불안한 모습을 보이면 사람들이 우리와 친구가 되길 꺼릴 거라고 생각할 수도 있습니다. 이러한 사고 오류 각각은 잘못된 신념들과 관련이 있습니다.

하지만 비현실적인 게 아닌 생각들은 어떠한가요? 예를 들어, 만약 우리의 두려움이 어떤 모임에서 우리가 발언할 때 얼굴을 붉히게 될 거라든가, 비행기에서 공황발작을 일으킬 거라면 어떤가요? 이러한 일들이 일어날 가능성은 합리적으로 볼 때 가능성이 높을 수도 있습니다. 이러한 경우들에서 종종 우리가 저지르는 오류는 그 **결과가 얼마나 나쁠 것인가** 또는 **나쁘게 될 거**라고 생각하는 것 속에 있습니다. 우리가 얼굴을 붉히게 되면 **끔찍해질 거**라든가, 비행기에서 공황발작을 일으키면 **완전한 재앙이** 닥칠 거라고 믿고 있을 수도 있습니다. 우리의 마음은 곤란하거나 거북하거나 실망시키는 상황을 마치 완전히 파국인 것처럼 여길 수 있습니다.

스스로의 생각들을 면밀히 검토해보면서, 자신이 동일시하는 생각에 근거해볼 때 과도하게 감정 반응을 보인다면 당신은 그것을 알아차리게 되나요? 예를 들어, 당신이 수행한 어떤 일에 대해 "끔찍하다"거나, 자신의 두려움이 현실이 된다면 그것은 "참을 수 없는" 게 될 거라고 생각하신 적이 있나요? 만약 그렇다면 자신이 무언가를 더 많이 덧붙여서—당신이 감정적으로 반응하도록 몰아갈 수도 있는 그 무엇으로—스스로에게 말해 왔던 게 아닌가 숙고해보세요. 아래의 공란에 당신이 관찰한 것들을 기록해보세요.

....

....

....

....

당신이 사랑하는 누군가에게 뭐라고 말씀하시겠습니까?

우리는 알렉스의 심란한 생각들을 면밀히 검토하고 있었는데, 그의 네 살 난 딸이 아침에 옷을 차려입기를 거부했던 에피소드 하나를 묘사하였습니다. "저는 밤잠을 아주 설친 상태였어요. 그리고 저는 새로 입학한 MBA 학생들과의 만남을 위하여 사무실에 제시간에 가야만 했어요. 리비가 옷을 차려입을 수 없다고 얘기하는 이유가 자기가 좋아하는 동물 인형 버니가 자기 방에서 자고 있는데 깨우고 싶지 않다는 거였어요. 리비에게 무척 좌절스러운 마음이 들어서 마침내 제가 몸을 낮춰 리비와 눈맞춤을 하고는 이렇게 말했습니다. '지금 옷을 입도록 해. 그렇지 않으면 버니는 쓰레기통에 들어갈 거야.' 제가 이렇게 말하면서도 스스로 이런 생각이 들었어요. '너는 끔찍한 엄마야. 어떤 엄마가 이런 말을 자기 아이에게 하겠어?'"

저는 알렉스가 사랑하는 사람 누군가가 그런 비슷한 저질렀을 때 그에게 뭐라고 말해 줄지 물었습니다.

그는 미소를 지으며 이렇게 말했습니다. "그거 재밌네요. 그런 일이 실제로 지난 주말에 있었어요. 로라와 달리기를 하고 있었는데, 제가 매우 화가 나서 인내심을 잃고서는 버니를 없애버리겠다는 협박을 했던 일을 얘기했습니다. '그건 아무것도 아니야.' 그가 말했어요. '아이들이 나를 정말 성나게 만들 때 내 입에서 튀어나오는 것들을 들어 보면 너는 정말 충격 받을 거야.' 로라는 자신이 하는 말 중의 일부를 들려주었는데, 솔직히 말해서 좀 충격을 받았어요. 그게 학대적이란 말은 아니지만, 제가 만약 그런 말을 했다면 끔찍한 느낌이 들었을 거예요."

"그래서 그 얘기가 로라에 대한 당신의 느낌을 정말 바꾸었겠네요?" 제가 물어보았습니다.

"무슨 말씀이시죠?" 그가 반문하였습니다.

"그건 당신 자신이 보다 온순한 말을 했을 때 자신에 대해 느꼈던 것에 근거해볼 때, 로라는 끔찍한 엄마임이 분명하다는 그런 느낌이죠."

알렉스는 미간을 찌푸렸습니다. "아뇨. 로라는 정말 훌륭한 엄마예요. 그는 아이들을 사랑해요. 그는 정말 많은 일들 사이에서 곡예를 하고 있어요. 아이들을 키우면서 또 상근직 일도 하고 있거든요. 때때로 아이들이 신경을 긁어대면 후회할 말을 하는 것일 뿐이죠."

"비교해서 미안하지만요, 그건 당신이 자신에 대해 묘사했던 것과 무척 닮아 있네요."

"선생님이 하시려는 말씀이 무언인지 알아요." 그가 말했습니다. "그리고 제가 말했던 모든 것들이 제게도 어떻게 적용되는지 알 수 있어요. 그건 좀… 다르게 느껴져요. 제 말씀은, 제가 생각했던 걸 그에게 말할 수는 없었어요. 로라를 정말 좋아하거든요."

저는 그에게 물었습니다. "당신이 알렉스를 정말 좋아한다면 그에게 뭐라고 말씀하시겠어요?"

알렉스는 한 주 동안 이 질문에 대하여 생각하였습니다. 다음 주에 와서 그동안 자신에게 이렇게 말하는 걸 실습했다고 전했습니다. "내가 마음을 쓰고 있는 누군가와 나는 동일한 존재야." 그는 때때로 스스로를 돌보는 느낌을 받았고, 또한 돌봄을 받는 느낌도 받았다고 말했습니다. "이렇게 말하는 게 이상하지만, 저 스스로를 지나치게 몰아붙이도록 놔둬서는 안 된다는 생각이 들기 시작했어요."

저는 그에게 어떤 종류의 생각들이—특히 자기혐오적인 생각들이 촉발되는 상황에서—효과가 있었는지 물어보았습니다.

"'너는 실수를 했어. 하지만 괜찮아.' 이렇게 스스로에게 말해 줄 때요. 또 다른 날 아이들을 학교에 차로 데려다줄 때 참지 못한 일이 있었는데요, 머릿속에서 익숙한 비난의 목소리가 들렸어요. '너는 왜 잠시도 참지 못하니? 넌 모두의 하루를 망쳐버렸잖아.'

저는 그 목소리에 이렇게 대답했어요. '오늘 아침에 정말 그렇게 참고 싶었지만 그렇게 못했어. 하지만 오늘 하루를 망쳐버린 것은 아닐 수도 있어… 적어도 아직은.' 저는 실제로 미소를 지었어요. 제가 완전한 엄마가 아니라는 사실을 알고 있어요… 그리고 저는 그걸 용납할 수 있어요. 저라는 존재가 '재앙' 자체인 것도 아니고요."

대부분의 경우 우리가 일으키는 사고 오류는 우리 자신에게만 적용됩니다. 우리는 전적으로 명확하지 않은 이유들 때문에 우리가 타인에게 대하는 것보다 스스로에게 거의 언제나 보다 더 가혹하게 대합니다. 우리는 그러한 동일한 사건이 다른 누군가에게 일어났다면 그렇게 동일한 해석을 하는 일은 거의 없을 겁니다.

우리 중 상당수는 스스로와 보다 부드럽게 대화하는 실습이 처음에는 이상하게 느껴질 수 있습니다. 우리는 스스로에게 가혹하게 대하는 것이 너무나 익숙하기 때문에 그런 식의 가혹한 말을 들을 자격이 있다고 믿고 있습니다. 실습을 통해서 보다 친절한 접근이 보다 자연스럽게 느껴지기 시작할 수 있습니다.

이제 지난주에 기록한 또 다른 사건을 선택하여, 아래의「자신의 생각에 도전하기」양식을 활용해서 자신의 생각(들)을 면밀히 검토해보시기 바랍니다.

사건	생각	감정

내 생각을 지지하는 증거:

내 생각에 반하는 증거:

관련 증거를 검토하면서 다음의 사항들을 꼭 숙고해보시기 바랍니다.

1. 내 생각과 모순이 될 수도 있는 증거가 있음에도 그 증거를 무시하고 있는가?
2. 어떠한 상황을 실제보다 나쁜 것으로 바라보고 있을 가능성이 얼마 나 많은가?
3. 만약 내가 마음을 쓰는 누군가가 이러한 생각을 한다면 나는 그 사람 에게 무어라고 말해 줄 것인가?

증거에 대한 면밀한 검토에 근거하여 당신이 생각해낸 증거에 보다 잘 부합하는 방식으로 자신의 생각을 개선할 용의가 있으신가요? 그렇다 면 아래에 적어보세요.

보다 더 현실적인 생각은…

....

....

....

....

불안과 우울에서 흔히 나타나는 사고 오류

지금까지 당신은 자신의 사고 과정에서 반복적으로 나타나는 오류를 알아차리기 시작하였을 수도 있습니다. 모든 이들의 생각이 어느 정도 독특하기는 하지만, 우리는 앞 장에서 우울과 불안을 겪을 때 나타나는 예상 가능한 주제들을 살펴보았습니다. 각 영역에서 공통적으로 나타나는 사고 오류를 검토하면서 그러한 주제들을 다시 한 번 살펴보겠습니다.

우울

알렉스의 사례에서 보았듯이 우울은 스스로에 대해 지나치게 부정적으로 생각하는 일과 연관이 있습니다(이에 대해 아론 벡과 그의 동료 학자들이 우울을 위한 인지치료 지침서에 기술하였습니다). 우리는 자신이 실패했다고 추정할 수도 있습니다. 또는 우리가 실패했다면 우리에게 뭔가 근본적으로 결함이 있기 때문이라고 추정하고 있을 수도 있습니다. 뭔가 상황이 잘못 돌아갈 때 우리는 그것을 개인적인 것으로 받아들이고서는 자신이 **언제나** 상황을 망친다고 추정하기도 합니다.

만약 당신이 우울 문제를 다루고자 한다면, 자신의 생각들이 스스로에 대해 필요 이상으로 가혹하게 심판하고 있다고 보이는 징표들을—사실 facts에 근거해서—찾아보세요. 우리가 자신의 우울과 관련된 생각 및 추정 들을 유심하게 살펴본다면, 그러한 것들이 근거가 없거나 최소한 현실에 대해 부정확한 근거를 갖는다는 사실을 종종 발견하게 됩니다. 또한 "나는 …해야만 해"라는 생각들을 찾아보십시오. 이러한 종류의 생각들은 종종 세련되지 못하거나 현실에 근거한 것들이 아닙니다.

알렉스는 "~해야만 해"라는 서로 직접 충돌하는 생각들을 자신이 하고 있음을 알게 되었습니다. 먼저 그는 "나는 직장에 시간을 더욱 많이 쏟아야만 해"라는 생각을 하고 있었는데 이는 다이앤이 면담에서 자신을 직면시킨 다음부터였습니다. 같은 주중에 또 이런 생각을 하고 있는 자신을 발견하였습니다. "나는 아이들과 시간을 더 많이 보내야만 해." 그는 마법을 부리지 않는 이상 어느 한쪽을 희생시키지 않으면서 이러한 요구들을 충족시킬 방법이 없음을 깨달았습니다.

보다 현실적인 대안으로서 알렉스는 자신의 생각을 다음과 같이 바꾸었습니다. "이건 내 인생에서 바쁘고 벅찬 시기야. 모든 걸 완벽하게 해내고 싶긴 하지만, 세상은 그런 식으로 돌아가지 않아."

이걸 기억해주세요. 부정적인 생각들에 의문을 제기하는 목적은 우리에게 아무런 잘못이 없다고 스스로 설득하기 위해서가 아니라는 사실을 말입니다. 우리는 그보다는 스스로를—좋은 점과 나쁜 점 모두를—보다 명료하게 바라볼 수 있기를 바랍니다. 우리는 자신의 불완전함을, 있는 그대로의 자신의 전체 모습의 일부로서 바라보는 실습을 할 수 있습니다. 그러한 과정에서 우리 스스로를 약간 좀 덜 심각하게 대하면서 자신을 온전히 하나의 사람으로서 소중히 여기기 시작할 수도 있습니다.

당신이 그동안 우울했다면, 자신의 사고 과정에 대해서 알아차린 오류를 아래에 요약하여 적어보십시오.

예: 나는 사람들이 나를 알게 되면 나를 좋아하지 않을 거라고 추정하지만 많은 증거들은—이번 주에 친구 둘이 내게 같이 어울리자고 문자를 보내왔듯이—친구들이 나를 좋아한다는 사실을 보여준다.

....

....

....

....

....

....

불안

우리는 매우 불안할 때 우리가 두려워하는 일들이 일어날 확률을 과대평가하는 경향이 있습니다. 예를 들어 공황장애의 경우 우리는 공황 때문에 기절하거나 질식사할 거라고 종종 (오류에 빠져서) 믿습니다. 우리는 자신이 공황에 빠지게 되면—그래서 실제로 위험에서 멀리 벗어나야 한다고 우리의 본능이 말해 줄 때—다리에서 뛰어내리는 것과 같은 위험스러운 어떤 행동을 하게 만들 가능성이 높아진다고 믿을 수도 있습니다. 우리가 만약 비행기 타는 걸 두려워한다면, 실제적인 위험이 아주 작은 일에도 깜작 놀랄 수 있습니다.

자신에게 불안을 많이 불러일으키는 상황들에 대하여 숙고해보십시오. 자신이 두려워하는 것들과 연관된 신념들에 어떠한 오류가 있는지 파악하셨나요?

예: 나는 어떤 신체 증상이 있을 때 양성良性인 어떤 거라고 여기기보다는—지금까지는 언제나 양성이었지만—예상 가능한 최악의 질병일 거라고 종종 추정하곤 한다.

....

....

....

....

....

....

....

우리는 또한 자신이 두려워하는 결과의 대가cost를 과장할 수도 있습니다. 예를 들어 사회불안의 경우 우리는 종종 (얼굴 붉힘과 같이) 당황했음을 내보이는 게 끔찍한 일이라고 믿습니다. 하지만 실제로는 얼굴을 붉히는 누군가에게 사람들은 친절한 마음을 갖는다는 증거가 있습니다. 우리는 또한 자신이 뭔가 실수했던 일을 떠올리면서, 그리고 다른 사람들이 그 일에 대해 여전히 떠올리고 있을 거라고 상상하면서 더욱더 움츠러들 수도 있습니다. 하지만 실제로 사람들은 무언가 다른 주제로 넘어갑니다. 다른 누군가가 어떤 사회적인 실수를 했더라도 우리가 무언가 다른 주제로 넘어가듯이 말입니다.

자신에게 일어날까봐 두려워하는 어떤 일들이 사실은 자신이 생각했던 것보다 더 다룰 만할 수도 있다는 사실을 알아차렸던 적이 있나요? 아래의 공란에 자신의 생각들을 적어보세요.

....

....

....

....

....

....

....

....

....

끝으로, 면밀하게 조사하지 않은 불안 관련 신념들이 있다는 사실을 알아차릴 수도 있습니다. 앞 장에서 논의하였듯이 우리는 종종 자신이 느끼는 공포에 대해 두려워합니다. 우리가 너무 겁을 먹게 되면 "그걸 감당할 수 없어"라고 믿거나, 너무 두려워하면 위험하다고 믿기 때문입니다. 자신의 공포를 직면하면 압도될 거라고, 그래서 우리를 어떤 식으로든 파괴할 거라고 우리는 종종 생각합니다.

만약 우리가 두려워하는 일이 진실로 위험하지 않다면, 그 일을 직면하는 것에서 오는 위험은 사실 아주 적습니다. 공포 그 자체는 유쾌하지 않고 편안하지 못합니다. 하지만 위험하지는 않습니다. 우리 자신의 공포를 직면하는 데 초점을 두는 6주차에 갔을 때 이러한 사실을 명심하는 일은 필수적입니다. 공포가 위험하지 않다는 사실을 앎으로써 우리가 두려워하는 것들을 직면하도록 스스로를 동기화할 수 있습니다.

당신 자신이 지니고 있는 공포에 대한 생각의 오류를 발견하셨나요? 그러한 생각들이 잘못되었다고 생각하는 이유는 무엇인가요?

....

....

....

....

....

....

....

....

자신의 핵심 신념과 공포를 파악하기

지난주에 우리는 핵심 신념과 핵심 공포에 대하여 살펴보았습니다. 알렉스는 자신의 심란한 생각들과 관련된 몇 가지 에피소드를 기록하였습니다. 그리고 다음과 같은 핵심 신념을 파악하게 되었습니다.

■. 알렉스의 핵심 신념 도표

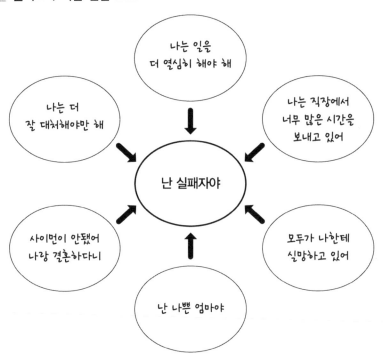

알렉스는 자신의 사고 과정에서 나타나는 익숙한 후렴구를 알아차리기 시작하면서, 자신의 마음의 작용을 알아차리고 자신이 실패자라는 생각들을 무시하기가 보다 더 쉬워졌습니다. 얼마 뒤에는 자신의 사고 과정을 공식적으로 기록할 필요가 별로 없었습니다. "재빠르게 그리고 비공식적으로" 자신의 생각들을 보다 더 현실적인 생각으로 조정할 수 있게 되었으니까요. 그는 자신의 부정적인 생각들에 대하여 보다 짧은 반응을 개발하였습니다. 즉, 그런 부정적인 생각을 믿지 않기 위해 상기시켜주는 말로서 "누군가 내게 거짓말을 하고 있어"라고 스스로에게 말하곤 했습니다. 때로는 그러한 생각들을 다른 생각으로 대체하였고, 또 어떤 때는 오도된 생각을 그저 무시하고 앞으로 나아가곤 했습니다.

우리 각자는 자신의 핵심 신념과 핵심 공포를 파악할 수 있습니다. 지금까지 당신 자신의 생각들에 대해 관찰한 것에 근거하여 볼 때, 자신의 사고 기록에서 공통적으로 나타나는 주제와 오류에는 어떤 것들이 있나요?

....

....

....

....

....

....

....

....

....

....

....

....

이러한 관찰을 활용하여 아래의 도표를 완성해보시기 바랍니다. 여기에 자신의 핵심 신념/공포 그리고 관련된 생각들을 드러내기 위하여 할 수 있는 최선을 다해보세요.

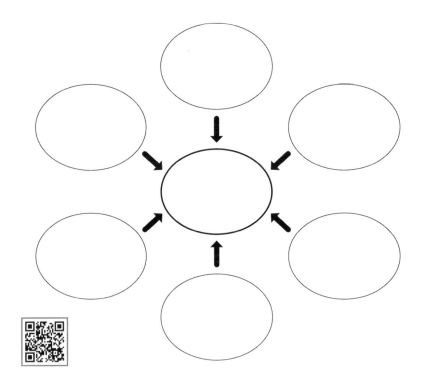

점진적으로 우리는 이러한 생각들을 보다 더 능숙하게 무시하고 보다 정확한 대안적인 사고를 생각해내게 되면서, 자신의 생각들에 대응하는 간결한 방법을 개발할 수 있습니다. 당분간은 이러한 양식을 계속 완성해가면서 자신의 생각에 도전해보시길 권합니다. 기술을 제대로 배우기 위해서는 구조화된 실습에 투자하는 게 좋습니다. 이번 주에는 촉발하는 사건들을 세 가지 정도 선택하여 각각에 대하여 「자신의 생각에 도전하기」 양식을 완성해보십시오.

이번 장에서는 지난주에 당신이 작업한 것에 기반을 두고서 자신의 감정을 추동하는 생각 중에 오류가 있는 것들에 대하여 능동적으로 도전하기 시작하였습니다. 당신은 또한 2주 전에 시작한 활동계획 세우기 작업을 계속하고 있습니다.

당신은 이제 7주간의 프로그램의 절반을 넘어섰습니다. 지금까지 매우 훌륭하게 해내셨습니다. 이제 당신이 투자해온 시간과 에너지에서 다소 유익을 얻기 시작하였기를 희망해 봅니다.

남은 3주 동안에는 지금까지 해온 작업들을 계속해서 진행할 겁니다. 우리는 또한 다음 주에 시간을 다루고 일을 성사시키는 효과적인 방법들에 대한 작업을 시작할 겁니다.

잠시 시간을 내어 지금까지 얼마나 진척되어 왔는지 돌이켜봅시다. 어떤 것들이 잘 진행 되고 있는 것으로 보이나요? 어떠한 지점에서 여전히 분투하고 있나요? 지금까지 당신이 작업해온 항목들 중에서 어떤 것들이 자신에게 가장 중요하게 느껴지나요? 아래의 공란에 자신의 생각과 감정들을 적어보세요.

....

....

....

....

....

....

....

....

....

활동 계획

1. 당신이 계획한 다섯 가지 활동을 완수해보세요.
2. 이번 주에 세 가지 상황에 대해 「자신의 생각에 도전하기」 양식을 완성해보세요.
3. 이제 5주차 여정을 완수하기 위한 시간 계획을 세워보세요.

시간 및 과업 관리하기

지난주에 당신은 즐거우면서도 중요한 활동들을 계획해보았고, 도움이 되지 않는 생각들과는 적극적으로 맞서기 시작하였습니다. 이번 주에도 이러한 기법들을 계속할 것입니다. 또한 시간 관리를 잘하고 과업을 효율적으로 완수하는 것에 대한 주제로 눈을 돌릴 것입니다.

지난주에 완수하기 위해 계획했던 다섯 가지 활동 목록(127쪽)들을 검토해보십시오. 어땠습니까? 눈에 띄는 것이 있었다면 어떤 것이든 적어보십시오.

....

....

....

....

....

목록에서 다음 주에 완수할 활동들 5가지를 추가로 더 선택하십시오.
어떤 활동을 해야 할지 신중하게 생각하시고, 당신에게 가장 힘들 수 있는
활동들에 도전하는 일을 두려워하지 마십시오. 어려운 활동일수록 더 큰
보람을 느낄 가능성이 많습니다.

활동 1:

....

활동 2:

....

활동 3:

....

활동 4:

....

활동 5:

....

늘 그렇듯, 당신이 활동을 수행할 구체적인 시간을 일정표에 기록하세요. 마지막으로 당신이 작성했던 「자신의 생각에 도전하기」 양식(136, 143쪽)을 검토하십시오. 아래 칸에는 당신이 발견한 사고 오류(만약 있다면)의 종류를 요약해보십시오. 그것들은 핵심 주제와 관련성이 있습니까?

....

....

....

....

....

....

....

....

....

....

....

우리는 계속해서 당신의 사고 패턴을 다루기 위해 노력할 것입니다. '자신의 생각에 도전하기'에 어려움을 겪었다면, 4주차 내용을 복습해보십시오. 이번 주는 적어도 하나 이상 「자신의 생각에 도전하기」 양식을 작성해보고, 필요한 경우엔 추가로 더 작성해 보십시오.

월터의 시간 관리

월터Walter는 대학교 봄 방학에, 친구들과 해변에서 보내는 대신 내 사무실에서 보냈습니다. 가을학기에 그는 우울증에 시달리다가 두 과목에서 낙제를 받았습니다. 겨울방학이 지나도 그가 원하는 만큼 수업 과정을 마무리하지 못하였고, 지금도 수업에 뒤처지고 있었습니다.

"저는 잘 해낼 수 있기를 간절히 원했어요."라며 월터는 말했습니다. "이 학교에 입학했을 때 부모님은 매우 기뻐하셨고, 1학년 때는 모든 것이 순조로웠어요. 그런데 2학년 올라가기 전 여름에 뭔가가 잘못되었고, 9월 학기가 시작할 때는 벌써 구렁텅이에 빠진 듯한 느낌을 받았어요."

월터의 친구 중 한 명이 7월에 갑자기 예기치 않게 세상을 떠났습니다. 그 죽음은 월터에게 큰 충격이었고, 인생을 슬프고 무섭게만 생각하게 되었습니다. 또한 부모님께서 경제적인 어려움에 처했기 때문에 가족 문제에도 스트레스가 있었습니다. 그리고 아무도 언급하지는 않았지만, 어머니의 음주 문제가 커지고 있었음을 감지했습니다. 종합해보면, 그해 여름은 월터에게는 혼란스럽고도 쓸쓸한 시간이었고 불안감과 고독감을 느낀 채 학교로 돌아왔습니다.

월터는 학업을 마치기가 어렵다는 것을 깨달았습니다. 그가 도서관에 앉아서 강의 노트를 꺼내자마자 두려움의 파도가 그를 엄습해왔습니다. 강의 슬라이드를 복습하려 했으나, 소셜 미디어에 접속하여 친구들의 게시물을 훑어보는 것을 멈출 수 없었습니다. 도서관 문을 닫을 무렵까지, 그는 자신의 삶이 친구들만큼 즐겁지 않다며 낙담하는 것 이외에는 아무것도 한 것이 없었습니다. 좌절과 부담감을 느끼면서 기숙사 방으로 돌아갔고, 자기 전에는 복습을 하겠다고 스스로 다짐하곤 했습니다.

방에서 그는 강의자료를 이해하지 못하고 낙제할 것에 대한 두려움에 사로잡혀 대부분의 시간을 웹 서핑을 하거나 TV 프로그램을 보는 데 보내고는 너무 피곤해서 쓰러졌습니다. "일찍 일어나서 다시 할 거야."라고 혼잣말을 했습니다. 결국 거의 대부분 늦게 잠들었고 아침 강의를 빼먹기 일쑤였습니다.

학기 말이 되자 모든 과목을 이수할 수 없다는 것이 분명해졌고, 쉬운 강의에서는 B-와 C+ 학점으로 간신히 통과를 했습니다. 그는 겨울방학 동안 재이수하겠다는 생각으로 낙제를 받은 강의의 두 분 교수님들로부터 재수강을 허락을 받았습니다. 그러나 그의 회피하는 패턴은 계속되었고, 공부하는 것이 지연될수록 스스로 해내기가 더욱 어려웠습니다.

봄이 되어 캠퍼스로 돌아왔을 때, 월터는 다른 방식으로 공부를 해야겠다고 다짐했습니다. 그러나 첫 번째 중간고사가 다가오면서 그는 자신의 오래된 행동 패턴에 빠져든다는 것을 깨달았습니다. 봄방학이 올 무렵, 그는 또 다른 학업 위기에 처했고, 그의 내리막길을 어떻게 멈춰야 할지를 몰랐습니다.

우울과 불안이 시간 및 과업 관리에 미치는 영향

우리 대부분이 그렇듯, 월터의 우울과 불안은 과업 수행을 어렵게 만들었습니다. 우리가 우울할 때는 의욕을 찾기가 어렵습니다. 높은 수준의 불안 역시 도움이 되지 않습니다. 왜냐하면 그것들은 우리가 해야 하는 일들을 회피하게 만들기 때문입니다. 불안과 우울 둘 다 집중을 어렵게 만들고 효과적으로 문제를 해결하는 능력을 방해할 수 있습니다. 우리가 약속한 일을 수행하기 위해 고군분투할 때, 우울감과 불안감은 악화될 수 있고, 이전의 악순환이 계속될 것입니다.

우울/불안이 과업을 완수하는 데 있어서 어떠한 영향을 미쳤습니까?

....

....

....

....

....

다행히도, 지금까지 해온 작업에서 몇몇 관련된 기법들이 이미 소개가 되었습니다. 그 기법들을 이번 장에서 다루게 될 것입니다. 예를 들어 행동 활성화(82-83쪽)를 논의했을 때, 활동 완수의 가능성을 높일 수 있는 방법들을 살펴보았습니다. 당신이 작업해 온 생각하기 기법들도 시간을 효과적으로 사용하는 것에 방해가 될 수 있는 몇 가지 생각들을 살펴보는 데에 도움이 될 것입니다.

잠시 시간을 내어 자신의 시간 관리에 대해 생각해보십시오. 당신은 시간 관리를 잘하는 편입니까? 어떠한 전략이 당신에게 효과가 있었습니까?

....

....

....

....

....

당신은 시간 관리에 어려움을 겪는 부분이 있습니까? 당신은 계속 분주하다고 느끼거나, 모든 일에 시간이 너무 오래 걸린다고 느낍니까? 어떻게 해야 알차게 시간을 보낼지 결정하기가 어렵습니까? 되도록 일을 미루고 있는 자신을 발견하였습니까? 아래에 당신의 생각을 적어보십시오.

....

....

....

....

....

다음 섹션에서는 시간 관리로 인해 발생할 수 있는 문제를 해결하기 위해 이미 당신이 잘 하고 있는 것들을 기반으로 다루어 볼 것입니다.

시간 및 과업 관리의 원칙

아마 이 책의 다른 어떤 주제보다도 이번 장에 시간을 잘 관리하는 원칙이 명백해질 수 있을 것입니다. 여하튼, 가장 중요한 점은 이러한 원리를 당신의 삶에 체계적으로 적용해야 한다는 것입니다.

우리가 사용할 방식은 큰 과업을 관리가 가능한 부분으로 나누는 전략을 기본으로 합니다. 대부분 일을 해내기 어려운 이유는 계획한 일이 너무 크게 보인다는 것입니다. 어려운 과업을 시도하는 것은 긴 레이스를 달리는 것과 같습니다. 한꺼번에 모두 다 할 수는 없지만, 한 번에 한 단계씩 해낼 수는 있습니다.

기본 접근방식은 다음과 같습니다:

1. 당신의 과업을 확인하세요: 해야 할 일을 결정하세요.

2. 과업의 우선순위를 정하세요: 마감 시간에 따라서 어디부터 시작할지를 결정하세요.

3. 과업을 완수할 시기를 계획하세요: 일정표에 각각 과업에 대한 시간을 할당하세요.

4. 과업을 완수하세요: 당신이 하기로 한 일을 실제로 하는 것보다 더 중요한 단계는 없습니다.

수면의 어려움을 다루기 위한 CBT 활용

잠을 잘 자지 못하면, 시간 관리를 잘하고 일을 해내기가 매우 어렵습니다. 시간 관리가 잘 되지 않으면 수면을 방해할 수도 있습니다. 만약 당신이 수면으로 고통받고 있다면 더 좋은 수면을 취할 수 있도록 관심을 가지는 것이 좋을 것입니다. 수면 장애에서 가장 효과적인 치료법은 불면증Insomnia CBT, 즉 CBT-I입니다. 4~8회기를 통해 수면에 큰 변화를 만들 수 있습니다. 치료의 주요 원칙은 다음과 같습니다.

- **일관된 취침 시간과 기상 시간을 지키십시오.** 규칙적인 스케줄을 잘 지킴으로써 당신의 몸은 언제 잠을 자는 시간인지 언제 깨어있는 시간인지를 알게 되고, 잠에 들고 숙면을 취하는 것이 더 쉬워집니다.

- **잠을 잘 수 있는 시간보다 더 많은 시간을 침대에서 보내지 마십시오.** 만약 당신이 평균적으로 매일 밤 7시간을 잘 수 있지만 9시간을 침대에서 보낸다면, 당신은 2시간 동안 침대에서 깨어있거나(그리고 아마도 잠을 자지 않는 것에 대해 스트레스를 받을 것입니다.) 잠을 설치게 될 것입니다. 침대에서 보내는 시간을 줄임으로써, 실제로 더 많은 수면을 취하게 됩니다. CBT-I의 참여자들은 평균적으로 43분을 더 수면을 취하고, 침대에서 47분을 더 적게 보냅니다. 이것은 곧 우리가 다른 활동에 투자할 수 있는 시간입니다.

- **잠이 오지 않으면 침대에서 일어나십시오.** 만약 당신이 금방 잠에 들지 않는 것을 알았다면 다른 방에서 다른 활동을 하십시오(예: 책을 보거나 좋아하는

TV쇼 보기). 졸음이 느껴지면 침대로 돌아가십시오. 필요에 따라 반복을 하십시오. 좌절감을 느끼면서 침대에 누워 있는 것보다는 즐거운 일을 하면서 시간을 보내는 것이 더 좋습니다. 이 지침은 수면 구간의 시작, 중간, 끝 어느 시점에서나 적용할 수 있습니다.

- **일상적인 낮잠을 피하십시오.** 낮잠을 자면, 우리의 몸은 수면에 대한 욕구가 줄어들게 되고, 이 때문에 밤에 잠들기가 어렵고 숙면을 취하기 어렵습니다. 만약 낮잠을 잔다면 낮 시간 중 좀 더 이른 시간에 그리고 짧게 자도록 계획하십시오.

- **늦은 시간에는 카페인을 피하십시오.** 일반적으로 점심시간 이후에 카페인은 밤 시간의 수면을 방해하기 쉽습니다. 카페인 효과에 대한 민감도에 따라 좀 더 이른 시간부터 카페인을 피해야 할 수도 있습니다.

- **밤에 잠을 설쳤다고 해서 최악의 사태가 되는 것은 아니라는 점을 기억하십시오.** 잠을 잘 수 없을 때 어찌할 줄을 모르고, 다음 날 "만신창이가 될 것"이라 생각하기 쉽습니다. 사실, 평소보다 더 졸릴 때가 있을지라도, 보통 우리는 적절하게 기능할 수 있습니다.

만약 당신이 계속해서 잠을 자지 못해 힘들어 한다면, 수면 전문가를 만나 볼 것을 고려해 보십시오.

잠시 시간을 내어 이 접근법을 고려해 보십시오. 어떤 단계에서 특별한 문제점이 있습니까? 예를 들어, 모든 것이 중요해 보이고 어디서부터 시작을 해야 할지 몰라 과업의 우선순위를 정하는 데 어려움을 겪고 있습니까? 일을 해내기 위해 좋은 계획을 세우고 그 다음 그것을 완수하기 위해 애를 쓰고 있습니까?

....

....

....

시간을 최대한 활용하십시오.

우리 각자는 삶과 일상 속에서 한정된 시간이 주어집니다. 시간은 우리에게 수많은 기회를 부여하지만, 문제를 야기하기도 합니다. 어떻게 하면 무한한 가능성을 담고 있는 한정된 시간을 최대한 활용할 수 있을까요?

우리 각자는 사는 동안 우리에게 할당된 시간의 관리자이므로, 시간 관리를 신성한 일이라고 여길지도 모릅니다. **시간** 관리와 **과업** 관리는 동전의 양면과 같지만, 우리가 가지고 있는 시간은 더 이상 늘리는 게 불가능하기 때문에 협상의 대상이 될 수 없습니다. 반면에 과업은 지금 또는 나중에 할 수 있고 혹은 아예 안 할 수도 있기 때문에 더 융통성이 있습니다.

당신은 어떻게 시간을 보낼지에 대해 자유롭게 생각해 볼 수 있고, 당신이 성취하려는 것으로부터도 자유로울 수 있습니다. 우리는 매일 "어떻게 하면 하루를 알차게 보낼 수 있을까?"라고 자문할 수 있습니다. 우리에게 가장 중요한 과업을 하는 데 시간을 사용하면서 그러한 경험을 만끽하는 한 우리가 설사 성취하지 못한다 해도 크게 중요하지 않습니다.

만약 당신이 "나는 시간이 부족해."라고 느껴진다면, 최대한 단순히 시간을 사용하는 것에만 집중할 수 있는지 생각해보십시오. 우리가 가진 시간은 누구에게나 동일합니다. 우리에게 주어진 시간을 친숙하게 만들 수 있다면, 그것을 최대한 활용하는 데 우리의 노력을 집중할 수 있습니다.

다음 섹션에서는 일정표가 필요하므로 꼭 일정표를 준비하십시오. 전자 일정관리표나 탁상달력도 괜찮습니다. 삶의 다른 부분에 대해 별도의 일정표를 가지기보다는(예: 직장과 집의 일정표가 별개) 한 곳에 당신의 모든 약속이 포함되어 있는지 확인하십시오.

과업 확인하기

"월터 군은 무엇을 해야 할까요?" 나는 월터에게 물었습니다.

그는 고개를 저으며 "너무 많아요. 불가능할 것 같아요."라고 말했습니다.

"과연 그럴까요?" 우리는 함께 지난 가을에 낙제한 것을 포함해 월터의 해결되지 않은 과제들의 목록을 만들었습니다. 그의 목록은 다음과 같습니다:

- 낙제 과목 수료하기
- 심리 교과서 여섯 챕터 읽기
- 여섯 가지 수학 문제 세트
- 심리학 입문의 두 가지 실험
- 역사 과제물 작성하기

우리는 그의 목록을 함께 살펴보았습니다. 월터는 복잡한 심정이 든다고 말했습니다. 한편으로는 믿을 수 없이 엄청난 양의 과업처럼 보였고 다른 한편으로는 그가 상상했던 것보다 더 적게도 느껴졌습니다. 그가 해야 할 일들을 적어놓기 전에는 무한히 많은 과업처럼 느껴졌으나, 지금은 크고 벅차긴 하지만 제한적인 과업 목록이었습니다.

무언가 뒤처졌을 때 해야 할 첫 번째 단계는 우리가 해야 할 과업의 목록을 단순히 작성해 보는 일입니다. 일반적으로 무언가를 머릿속으로만 생각할 때보다 종이로 적었을 때 관리하기가 훨씬 쉽습니다. 앞으로 1~2주 내에 완수해야 하는 활동들을 선택하십시오: 같은 원칙을 나중에 장기 목표에도 적용할 수 있습니다. 이 목록에는 수면, 목욕, 식사 등의 일상적인 활동들은 포함하지 않아도 됩니다. 여러분이 그런 활동들로부터 시간을 더 낼 수 있는 것이 아니라면 말입니다.

만약 당신이 일을 완수하기 위해 어려움을 겪는다면, 당신이 성취해야 할 일들의 목록을 아래 양식에 작성해 보십시오. 이때, 과업들을 관리 가능한 조각들로 나누는 것에 대해 걱정하지 마십시오. 이 단계는 나중에 진행될 것입니다. 우선 첫 번째 열과 마지막 열을 비워주십시오.

우선순위	과업	기한

이제, 잠시 시간을 내어 목록을 검토해보십시오. 무엇이 눈에 띕니까? 살펴보니 어떻게 느껴집니까?

....

....

....

....

과업의 우선순위 매기기

월터와 나는 그의 목록을 보며 어디서부터 시작해야 할지 함께 생각했습니다. "나는 이 낙제 과목들을 봄 방학 때 끝내고 싶습니다."라고 그가 말했고, 그것은 3월 말 이전에 그것들을 완수해야 함을 의미했습니다. 우리는 각 항목을 차례차례 살펴보고 그가 완수해야 하는 날짜나 완수하고 싶은 날짜를 적었습니다. 이 날짜들은 그가 각 항목을 다룰 순서를 결정해 주었습니다.

1 – 낙제 과목 수료하기 – 3월 18일

5 – 심리 교과서 여섯 챕터 읽기 – 4월 6일

3 – 심리학 입문의 두 가지 실험 – 3월 30일

4 – 6개의 수학 문제 세트 – 4월 2일

2 – 역사 과제물 작성하기 – 3월 23일

당신의 과업 목록으로 돌아가보세요. 각각은 언제까지 완료되어야 합니까? 각 항목 옆에 날짜를 적으십시오. 날짜에 따라 각 과업에 우선순위를 정하고, 가장 먼저 완수할 과업에 1이라고 적으십시오.

과업을 계획하고 완수하기

우선순위를 매긴 목록에 따라, 월터는 우선 낙제 과목에 집중해야 한다는 것을 알았습니다. 당연히 "낙제 과목 수료"라는 생각이 압도적으로 많다는 것을 깨달았습니다. "어디서부터 시작을 하지?" 그는 고민했습니다. 처음에 그것들을 완수하지 못하게 방해했던 상황과 같은 그런 느낌이 들었습니다.

그래서 우리는 함께 이 큰 과업을 더 작은 과업으로 나누었습니다. 우리는 그가 각 과정마다 해야 할 일들을 나열하는 것부터 시작했습니다. 더 큰 과제들을 월터가 해낼 수 있을 것처럼 느껴지는 단계들로 세분화하였습니다:

■ 낙제 과목 수료하기:

생물학
연구 논문
• 주제 및 연구 논문 검토
• 기존 연구들 요약
• 미해결 문제 설명
• 제안된 해결책#1 설명
• 근거
• 반대의 근거
• 제안된 해결책 #2 설명
• 근거
• 반대의 근거
• 결론

역사
감상문 1
감상문 2
최종 논문
• 개요 작성
• 출처 선별
• 소개
• 섹션 1
• 섹션 2
• 결론

완수하기 위한 첫 번째 활동을 살펴보십시오. 작은 과업으로 나누는 것이 도움이 될까요? 아니면 있는 그대로 다루어도 될 만한 현실적인 과제로 보이나요? 활동을 더 작은 하위 과업으로 나누어야 한다면 아래 공간을 이용하십시오.

과업:

....

하위 과업:

....

....

....

　목록에 있는 다른 항목에 대해 똑같은 작업을 해야 한다면, 이 장 마지막에 있는 「과업 쪼개기 양식」을 사용하십시오(188-189쪽 참조).

　월터는 자신의 낙제 과목에 대해 작업할 계획이었기 때문에, 최종 기한인 3월 18일을 염두에 두고 각 부분의 완수해야 할 날짜를 정했습니다. 우리는 3월 12일에 계획을 세웠고 그 계획은 다음과 같습니다:

■ 낙제 과목 수료하기:

생물학 – 3/16
연구 논문
• 주제 및 연구논문 검토 – 3/12
• 기존 연구들 요약 – 3/13
• 미해결 문제 설명 – 3/13
• 제안된 해결책#1 설명 – 3/14
• 근거 – 3/14
• 반대의 근거 – 3/14
• 제안된 해결책#2 설명 – 3/15
• 근거 – 3/15
• 반대의 근거 – 3/15
• 결론 – 3/16

역사 – 3/18
감상문 1 – 3/12
감상문 2 – 3/13
최종 논문 – 3/18
• 개요 작성 – 3/14
• 출처 선별 – 3/14
• 소개 – 3/15
• 섹션 1 – 3/16
• 섹션 2 – 3/17
• 결론 – 3/18

나는 월터에게 이 계획이 현실적인지를 물었습니다. 각 과제를 완수할 수 있을지에 대해 그가 어떤 우려를 갖고 있을까요? 우리는 그날 이후를 위한 계획을 짜기 시작하였습니다. 그는 역사 과목에 대한 감상문을 쓰고 나서 생물학 주제와 그가 다루기로 한 연구 논문을 검토하고 싶다고 말했습니다. "논문은 한두 쪽에 불과하고, 제가 잘 아는 주제에 대한 것이기 때문에 문제가 되지 않을 것 같아요. 그리고 생물학 과목의 선택한 주제를 검토하고 연구 논문을 다시 살펴보는 것이 필요해요. 그래요, 그 정도는 제가 감당할 수 있을 것 같아요."

당신의 과업을 하위 과업으로 나누었다면, 전체 과업의 기한일로부터 거슬러 올라가면서 하위 과업을 완수해야 할 시기를 결정하십시오. 하위 과업 목록에 날짜를 추가하십시오.

계획하기의 마지막 단계는 항목들을 월터의 일정표에 넣는 일이었습니다. 그는 자기가 한 다른 약속들을 어물쩍 넘겼습니다. 예를 들어 3월 17일에 가족과 함께 저녁 식사를 하러 갈 예정이었는데 이 약속이 각 활동을 끝마칠 시간을 방해했습니다. 그래서 처음에 그는 각 과제에 특정한 시간을 할당하는 것을 꺼렸습니다. "이건 이전에 제가 작업했던 방식이 아니에요."라고 말했습니다. 우리는 그의 스케줄에 대해 구체화하는 것에 대한 장단점에 대해 대화를 나누었고, 그는 이번 주에 이 새로운 접근 방식을 시도해보기로 동의했습니다.

당신이 스스로 설정한 각각의 과업은 그것을 완수하도록 계획할 때 특정한 시간이 필요합니다. 위에서 작성한 목록을 사용하여 당신의 일정표에서 첫 번째 과업을 완료할 날짜를 정하십시오. 과업을 하위 과업으로 나누었다면, 각 하위 과업의 기한을 지정하십시오. 목록의 각 과업에 대해 이 과정을 반복하십시오. 일정표에서 어떤 것이 변경되는 경우(예: 전에 없던 가족 약속이 생기는 경우) 과업을 다른 시간으로 옮길 수 있습니다.

이전에 유연한 일정에 익숙해져 있었다면, 지금의 접근 방식이 지나치게 구조화되어 있다고 때로는 느낄 수 있습니다. 이런 계획에 주눅이 든다면, 한정된 수의 과업으로 며칠간 시도해 볼 것을 고려하십시오. 특정 시간에 몇몇 과업을 완료하도록 계획해보고, 다른 과업들은 더 유연한 시간 범위(예, 정해진 날짜)로 완료하도록 하여 어떻게 진행되는지 확인해 보십시오. 이 방식을 통해, 과업 관리에 대해 보다 구조적인 접근 방식과 덜 구조적인 접근 방식을 비교해 볼 수 있는 기초가 마련이 될 것입니다.

지금까지의 과정에 대해 잠시 되돌아봅시다. 이 접근 방식에 대해 어떻게 생각하십니까? 아래 칸에 당신의 생각을 적어보십시오.

....

....

....

....

....

....

마지막 단계는 당신이 스스로 세운 계획을 따르는 것입니다. 만약, 당신이 파악하고 우선순위를 정하고 일정을 세웠다면, 작업의 대부분은 지금쯤 끝이 납니다. 다음 한 주 동안은 당신이 계획한 과업의 수행 시점을 주의 깊게 따라가면서 가능하다면 주어진 시간에 각각의 과업을 완수하십시오.

성공하기 위한 준비

과제를 완료하기 위한 계획은 비교적 간단합니다. 그것은 바로 선택하기, 우선순위 정하기, 계획하기, 완료하기입니다. 항상 이렇게 쉽다면 좋을텐데 말입니다! 우리가 불안하고 우울할 때, 스스로 만든 계획을 순조롭게 따르는 데에는 여러 가지 것들이 방해가 될 수 있습니다. 일반적인 접근 방식을 기반으로 하여 성공하기 위한 전략들을 수립해 봅시다.

관리 가능한 과업으로 만들기

각각의 과업에 대해, 월터는 자신이 할 수 있을 것 같은지 자문해 보았습니다. 역사 과제물을 계획할 때, 어느 순간 그는 "이 과제물을 어떻게 써야 할지 모르겠어요."라고 말했습니다. 그는 '과제물을 쓴다'는 생각이 자신이 감당할 수 있는 것보다 더 거대한 것처럼 느껴진다고 변명했습니다.

"개요를 작성할 줄 아나요?" 나는 물었습니다.

"네, 할 수 있어요. 하지만 이전에 그렇게 한 적이 없었어요. 그냥 진행되는 대로 정리했거든요."

새로운 방식을 받아들이는 것에 대하여 우리는 간단히 상의했는데, 예전 작업 방식이 그에게 통하지 않았고, 과업을 쪼개서 나눠 볼 필요가 있다는 것에 월터는 동의했습니다. 각 단계마다 나는 "어떻게 하는지 알고 있나요?"라는 의미로 "어떻게 시작해야 할지 명확히 알고 있나요?"라고 묻곤 했습니다. 그렇지 않을 때, 우리는 그 과업을 더 작은 과업으로 나누는 작업을 하였습니다.

우리가 과제물 쓰기 계획을 살펴보았을 때, 그는 "이렇게 철자를 다 써놓으니 약간 바보가 된 듯한 느낌이 들어요. 내 말은, 나는 지금 몇 년 동안 과제물을 작성해봤어요. 하지만 이렇게 하니 더 쉬워 보이긴 하네요."

시작하기에 어려움을 겪을 때, 어떠한 과업은 사다리가 없이 지붕 위에 떨어진 프리스비⁵를 꺼내려 하는 것처럼 느껴질 수 있습니다. 우리는 프리스비를 올려다보면서 공중부양하려 할 것입니다. 하지만 공중부양을 할 수 없는 것은 우리에게 아무런 문제가 되지 않습니다. 우리는 단지 사다리가 필요합니다. 사다리는 10 피트 간격을 일련의 1 피트 간격으로 바꿔줍니다.

스스로 계획했던 과업 중에서, 비교적 쉽게 할 수 있다고 느껴지는 단계가 있는지 확인하십시오. 예를 들어, 직장에서 큰 프로젝트를 완수하는 데 어려움이 있다면 각 프로젝트를 어떻게 해야 할지 명확한 생각이 들 정도로 과업을 작은 단계로 나누어 보았습니까? 또는 집안일이 밀려있다면 어디서부터 시작해야 할지 알고 있습니까?

지금 잠시 시간을 내어 당신이 완수하기 위해 애쓰고 있는 프로젝트에 대해 생각해보십시오. 아래 칸에 적어보십시오.

....

———

5 던지기를 하고 놀 때 쓰는 플라스틱 원반

좀 더 작은 단계로 나눌 필요가 있습니까? 만약 그렇다면, 그 단계들은 어떤 것 같습니까?

아래 칸에 적어보십시오.

단계 1:

....

단계 2:

....

단계 3:

....

단계 4:

....

단계 5:

....

단계 6:

....

당신이 확인한 단계를 검토하십시오. 각각 감당할 수 있다고 느껴집니까? 필요한 경우, 더 작은 단계로 나누십시오.

현실적인 시간 조절하기

성공을 위한 계획을 세울 때 가장 중요한 단계 중 하나는 자신에게 과업을 완수할 수 있는 충분한 시간을 주는 것입니다. 우리는 주어진 시간 내에 성취할 수 있는 것에 대하여 지나치게 낙관적이기 쉽습니다. 완료하지 못했거나 너무 분주했거나 최선을 다하지 못했다면, 우리는 결과에 대하여 기분이 좋지 않을 것입니다.

과업을 계획할 때, 각 작업이 얼마나 오래 걸릴지 신중하게 생각해보십시오. 어떤 것을 어느 정도 시간에 "해야 한다"는 것을 계획하기보다는 얼마나 걸릴지를 계획하는 것임에 주의하십시오. 예를 들어 "나는 45분 안에 장을 볼 수 있을 거야."라고 생각할지 모릅니다. 그러나 최근에 가게에 갔었던 시간을 생각해보면, 줄을 서고 집에서 식료품을 정리하는 시간을 감안하지 않기 때문에 항상 적어도 1시간 15분은 걸립니다. 우리가 어떤 일을 하는 데 너무 오래 걸린다고 느끼면 사기가 떨어집니다. 과업이 얼마나 걸릴지 과소평가했다고 느꼈다면, 다음에 과업 수행 일정을 잡을 때에는 이러한 정보를 활용하십시오.

알람 및 상기시켜 주는 메모 정하기

계획하는 어떤 업무를 할 때 거의 실패할 염려가 없게 상기시켜 주는 메모가 있는지 확인하십시오. "확실히 기억해 두어야겠다."고 다짐만 하는 것은 깜빡하게 되는 비결입니다. 우리가 기분 좋을 때도 '떠올릴 걸 기억하기'가 힘든데, 불안하고 우울할 때는 더욱 어렵습니다.

다른 방법들도 있습니다. 한 가지 믿을만한 방법은 약속을 휴대폰 일정표에 넣고 알람기능을 켜서 알람이 당신에게 상기시켜 주는 것입니다. 소리가 켜진 상태에서 휴대폰을 가까이 두면, 알람을 놓치지 않을 것입니다.

또한 알람이 울리면 즉시 과업을 실행하십시오. 만약 어떤 이유로 할 수 없다면, 또 다른 상기시킬 알람을 설정하십시오. 만약 "여기 하고 있는 일을 끝내고 나서 시작할거야."고 생각만 하는 자신을 발견한다면, 일을 멈추고 상기시킬 알람을 설정하십시오. 그렇지 않으면 다른 것에 열중하느라 계획했던 일을 쉽게 잊어버리기 때문에, 아예 알람을 설정하지 않은 것과 같습니다.

책임을 다하기

"학과장님께 연락도 드려야 해요." 월터가 내게 말했습니다. "학과장님은 이번 학기에 제 소식을 계속 알려달라고 했지만, 저는 낙제한 이후로 계속 피하고 있어요." 잠시 말을 멈춘 그는 곧 이어 이야기했습니다. "저는 교수님들도 피하고 있고, 지도교수님도 피하고 있어요. 저도 어떤 상황인지를 알려주는 것이 더 좋다는 것을 알지만, 일이 잘 안 풀린다는 것을 상기시켜 주는 불쾌한 일이기도 해요."

우리는 그날 저녁까지 월터가 교수님들께 각각 이메일로 연락하기로 계획을 세웠습니다. 그는 긴장했고, 꼭 해야 할 말의 개요를 작성하기 위해 우리는 함께 작업했습니다. 자신이 다소 두려워하는 학과장님에게 연락하는 일이 그에게 가장 큰 도전으로 느꼈습니다. 그는 학과장님에게 이메일을 보낼 자신이 없어서 내 사무실에서 이메일을 작성해서 보냈습니다.

행동 활성화(82-83쪽)를 다뤘던 2주차에 우리는 설명할 책임의 중요성에 대해 논의했었습니다. 여기에는 동일한 원칙이 적용됩니다. 만약 다른 누군가가 우리의 계획에 대해 알고 있다는 것을 인식하면, 우리는 그것을 완수할 가능성이 더 높습니다.

책임을 실행하기 위해 애쓰고 있을 때, 우리는 종종 자신이 실망시키고 있다고 느끼는 사람들(교수님, 상사, 고객, 배우자)과의 연락을 피합니다. 뒤처진 것을 따라잡을 수 있을 때까지 그들이 나에게 무슨 일이 일어나고 있는지 알 필요가 없다고 스스로 생각할지도 모릅니다. 아니면 내가 오랫동안 연락을 끊었기 때문에 지금 그들과 대화하는 일을 매우 불편한 것이라 생각할지 모릅니다. 대부분의 경우, 우리가 설명할 책임을 지고 있는 사람들과의 접촉을 피함으로써 얻는 것보다 잃는 것이 더 많습니다.

피하고 있는 사람 중에 연락을 해야 하는 사람이 당신의 인생에 있습니까? 그렇다면, 아래 칸에 그러한 사람들의 이름을 적어보십시오.

....

....

....

이 사람들과 연락할 마음을 먹었다면, 이번 주에 연락할 사람들에 동그라미를 치고 언제 연락할지 일정표에 적으십시오.

시작하기로 결정하기

우리가 프로젝트를 시작할 때 어떻게 해야 하는지 정확히 알지 못해 프로젝트를 시작하지 못하게 되는 경우가 많습니다. 예를 들어, 나는 무슨 말을 해야 할지 몰라서 이메일을 보내는 것을 종종 미뤄왔습니다. 하지만 일단 프로젝트를 시작하기로 결정하면, 어떻게 해야 할지 알아낼 수 있는 기회를 스스로에게 줍니다. 우리가 그 과업을 어떻게 하는지 알게 될 때까지 기다린다면, 결코 시작할 수 없을지도 모릅니다. 왜냐하면 그 과업을 어떻게 하는지 알아내는 것도 과업의 일부분이기 때문입니다.

우리가 무엇을 해야 할지 정확히 모르기 때문에 크든 작든 과업을 시작하는 것을 미룰지도 모릅니다. 자신의 삶에서 어떻게 완수해야 할지 몰라서 시작을 미루었던 과업들이 있습니까? 그렇다면 아래 칸에 적어봅시다.

....

....

....

....

이번 주에 시작할 과업들에 동그라미를 치고 일정표에 추가하십시오.

스스로에게 보상하기

우리는 보상이 뒤따르게 될 때 일을 하게 될 가능성이 더 높습니다. 비록 활동을 완수하는 것 자체가 보람이 있을 수 있지만, 목표를 달성하는 것에 대한 작은 보상을 발견함으로써 스스로에게 더 도움을 줄 수 있습니다.

정치에 관심이 많은 월터는 45분 동안 일을 한 후에 스스로에게 주는 보상은 두 개 정도의 뉴스 기사를 읽으며 잠시 쉬는 것입니다. 그는 일이 끝난 직후에 원하는 보상이 있다는 것으로부터 또 다른 동기를 부여받았습니다. 한 번에 45분만 일하면 된다는 것을 알고는, 그는 작업을 할 수 있다고 느낄 정도로 더욱 세분화하였습니다.

당신이 과업을 하는 것에 대해 스스로 작은 보상이 될 만한 방법들—간식, 오락, 휴식, 사교활동 등—을 생각해보십시오. 당신에게 맞는 것을 찾기 위해 최대한 창의력을 발휘해보십시오. 한 가지 주의할 점은 비디오 게임이나 TV를 보는 것과 같이 중독성 있는 활동을 피하십시오. 과업으로 복귀하는 데에 보상이 방해가 될 위험을 최소화하십시오. 또한 일단 과업에 복귀한 다음에는 즉시 이용할 수 있는 보상들을 제거하십시오. 예를 들면, 웹 브라우저를 닫거나 쿠키를 원래 있던 보관용 장에 다시 넣어 두십시오.

공간 확보하기

월터는 학교로 돌아왔을 때, 기숙사 방에서 작업을 하는 것이 거의 불가능하다는 점을 깨달았습니다. 그의 룸메이트는 종종 다른 학생들을 머물게 하여 정신을 산만하게 하였습니다. 심지어 문이 닫힌 채 혼자 있을 때도 집중을 방해하는 여러 가지(TV, 비디오 게임, 음악)에 끌려다녔습니다. 생산적으로 작업을 하려면 도서관 같이 조용한 곳에서 작업해야 한다는 사실을 깨달았습니다.

신체적 공간이든 정신적 공간이든 우리가 필요로 하는 공간을 가질 때 가장 효율적으로 일할 수 있습니다. 우리는 사무실, 책상, 부엌, 차고 등 우리의 작업공간을 정리함으로써 물리적 공간을 확보할 수 있습니다. 정리를 통해 결국 시간을 앞당기고 절약할 수 있습니다.

당신이 일을 쉽게 처리할 수 있도록 작업공간을 정리할 필요가 있습니까? 당신의 생각을 아래 칸에 적어보십시오.

....
....
....
....
....

일을 잘 수행하기 위해서는 불필요하게 산만하게 만드는 것들을 제거한 정신적 공간도 필요합니다. 예를 들어, 복잡한 스프레드시트 작업을 하는 경우 방해받지 않도록 이메일을 닫고 휴대폰을 무음으로 하는 것을 고려해보십시오.

당신이 효율적으로 일하려 할 때 어떤 것이 당신을 산만하게 만드는 경향이 있습니까? 주변에서 산만하게 만드는 것들을 제거할 방법이 있습니까? 아래에 당신의 생각을 적어보십시오.

....
....
....
....
....

수용 연습

아마 다른 어떤 것보다도, 수용하는 태도를 가지는 것은 우리가 해야 할 것을 처리하는 데 엄청난 차이를 만들 수 있습니다. 무엇보다도 우리가 계획한 대로 따르기가 때로는 어려울 수 있다는 점을 받아들여야 합니다. 어려움으로 그 계획을 포기해야 한다는 것을 의미하지는 않습니다. 그 반대로 가치 있는 일은 어려운 경향이 있다는 뜻입니다. 어려움으로 물러서기보다는 "이것은 어렵다"는 것을 포용함으로써, 그것을 잘 해결해 나갈 수 있습니다.

또 우리는 두려움과 마주하게 될 것이고, 도망가고 싶은 충동을 견디는 일이 고통스럽다는 사실을 받아들일 수 있습니다. "내게 중요한 일을 기꺼이 한다는 것이 얼마나 고통스러울까?"라고 자신에게 자문할 수 있습니다. 더 이상 고통에 맞서지 않고, 고통이 당분간은 우리가 해야 할 일의 일부가 될 것이라는 점을 인정하면서 불편함을 받아들임으로써 덜 고통스러울 수 있습니다.

어려움과 마주하여 피하고 싶은 마음이 들었을 때, 피할 수 없는 고통을 받아들이기 위해 스스로에게 무엇이라 말해줄 수 있습니까?

....

....

....

....

....

....

다음 주에는 계획한 활동을 일정에 맞추어 수행하십시오. 그리고 당신이 계획대로 수행하는 동안 집중할 수 있도록 해주는 전략들 중 2~3가지를 선택해볼 것을 권장합니다. 한 번에 제한된 수의 전략을 사용함으로써 새로운 기술을 실습하는 데 집중할 수 있습니다. 집중하기로 한 전략들을 아래 칸에 적어보십시오.

1.

   ....

2.

   ....

3.

   ....

방해물들을 제거하는 방법

만약 여러분이 과업을 완수하기가 힘들다면 방해물들이 놓여 있을 수도 있습니다. 다행히도 우리가 다뤘던 요소들이 그것들을 통과하는 데 매우 도움이 될 수 있습니다.

나는 미루고 있다

우리 대부분은 가끔 할 일을 미룹니다. 때때로 우리는 무엇을 해야 하는지 정확히 알고 있지만 그걸 하는 일을 미룹니다. 또 다른 경우에는 결정을 내리고 그걸 하는 일을 연기합니다. 어느 쪽이든, 우리는 미루고 있습니다.

반복적으로 일을 미루고 있나요? 만약 그렇다면, 어떤 이유로 그 일을 미루게 되었나요? 미루게 되는 동안 기분은 어떤가요?

....

....

....

....

우리는 왜 미룰까요? 보통은 다음 두 이유 중 하나입니다: 우리가 잘하지 못 할까봐 두려워하거나 그 과업이 피하고 싶은 것임을 알게 되어서입니다. 두려움을 줄이거나 과업을 더 흥미로운 것으로 만들기 위해 우리가 할 수 있는 일은 무엇이든지 미루는 습관을 이겨내는 데 도움이 될 수 있습니다.

우리가 위에서 살펴본 몇 가지 요소들, 즉 우리가 두려워하고 있다는 사실을 받아들이기, 책임감 있게 설명하는 것을 늘려가기, 스스로 보상을 통해 보람을 느끼기, 또는 일을 더욱 다루기 쉽도록 나누기 이외에 우리가 3주차, 4주차에서 사용했던 도구를 이용하여 미루는 것을 부추기는 생각을 다루어볼 수 있습니다. 예를 들어, 미루는 것이 어떤 면에서는 도움이 된다거나 "단지 쉬고 싶다"고 우리 자신에게 말하고 있는지도 모릅니다. 우리 대부분은 일을 회피하는 데 시간을 보내느라 즐거움을 많이 얻지도 못하면서 말입니다.

월터는 자신이 해야 할 일을 피하고 있을 때마다 드는 생각 중에서 하나의 주제를 알아챘습니다. 그는 혼잣말을 하곤 했습니다. "지금 그 일을 하는 것은 너무 어려워. 나중에 하는 게 더 쉬울 거야." 하지만 그 일이 좀처럼 쉬워지지 않는다는 사실을 그는 알게 되었습니다. 마감일이 다가옴에 따라 그는 결국 필사적으로 그 과업을 완수하곤 했습니다. 그는 "앞으로도 이 일이 결코 하고 싶어지진 않을 거야. 그러니까 이 일을 계속 두려워하기보다는 지금 해결하는 게 나을 거야."라며 보다 현실적인 생각을 하게 되었습니다.

일을 미루는 것에 대해서, 정확하지 않을 수도 있지만 당신 자신에게 해줄 말이 있나요? 만약 그렇다면, 자신에게 어떤 말을 해주는 게 도움이 될 수 있을까요?

....

....

....

....

....

주의력 결핍/과잉행동 장애

DSM-5에 따르면 주의력 결핍/과잉행동 장애, 즉 ADHD에서도 주의력, 과업 완수, 시간 엄수, 과업 지연 등의 문제가 현저합니다. 이번 장에서 제시된 많은 기법이 ADHD 치료(예를 들어, 아리 턱만Ari Tuckman의 성인 ADHD 통합치료를 참조)에 사용되고 있지만, 이 질환에 대한 단독 치료법으로 고안된 것은 아닙니다. 당신이 우울과 불안뿐만 아니라 ADHD를 앓고 있다면, 정신건강 전문가를 만나 당신에게 가장 좋은 치료 방법에 대해 상담하는 것을 고려해보십시오.

나는 압도당했다

우리가 뒤처졌을 때, 종종 우리가 할 수 있는 것보다 해야 할 일이 더 많은 것처럼 느껴집니다. 우리가 아직 하지 않은 모든 일을 염두에 둔다면, 당연히 그것은 너무 많은 것처럼 느껴질 것입니다. 현재 과업을 당신이 해야 할 유일한 일인 것처럼 생각하는 연습을 해보십시오. 왜냐면 실제로 그 일을 하는 동안 당신이 해야 할 일은 오직 그 일뿐이기 때문입니다. "지금 당장 해야 할 일은 이 일뿐이야."라고 자신에게 말하는 연습을 해볼 수도 있습니다.

각각의 과업을 감당할 수 있는지 확인하고, 각각의 과업에 특정 시간을 할당했다는 것을 인지하는 그 자체가 압도감에 도움이 될 수 있습니다. 주변에 불필요하게 집중을 방해하는 것들을 없앰으로써 일할 수 있는 정신적 공간을 더 많이 확보할 수 있습니다.

마지막으로, 우리는 자신에게 다음과 같은 중요한 질문을 할 수 있습니다. "그것을 다 끝내야 해?" 이 일을 해야만 한다고 생각하거나 느낀다면, 스스로 질문할 수 있습니다. "진짜? 그렇게 하지 않으면 어떻게 될까?" 때때로 대답은 "그래, 사실 난 정말로 이 일을 해야 해."가 될 수 있습니다. 다른 경우에 우리는 무언가를 완수하고 '싶을' 정도로 우리의 안녕 well-being을 희생할 만한 가치가 없다고 판단할 수도 있습니다.

나는 의욕이 없다

동기가 낮은 경향이 있는 것은 해당 과업이 만족스럽지 못하거나 우리가 그 일을 완수할 추진력이 부족하기 때문입니다. 마치 브레이크를 밟은 상태에서는 가속이 되지 않는 것과 마찬가지입니다. 과업을 덜 불쾌하게 만듦으로써 브레이크에서 발을 뗄 수 있습니다. 즉, 다루기 쉬운 작은 과업으로 나눔으로써 말입니다. 또한 우리는 그 일을 하는 데 작은 보상을 주는 것과 같이 그 과업을 더 보람 있게 만듦으로써 속도를 높일 수 있습니다. 고맙게도, 우리는 추진력을 얻게 됨에 따라 동기도 높아집니다.

당신이 과업을 완수하기 위한 동기를 높여주는 것은 무엇인가요?

....

....

....

....

나는 단지 이 일을 할 수 있어야 한다

때로는 책임을 진 일들을 다루기 위해 시간 및 과업 관리 전략을 사용하는 것에 거부감이 들 수 있습니다. 우리는 스스로에게 "이렇게 힘들지 않을 거야." 또는 "그냥 억지로 밀어부칠 거야."라고 생각할지 모릅니다.

이런 점에서 수용의 마음가짐은 매우 도움이 됩니다. 사물을 있는 그대로 받아들일 때 우리는 난관에서 벗어나는 데 사용할 도구들에 열린 마음을 가지게 됩니다.

이번 장에서 제시된, 일을 완수하기 위해 도움을 주는 도구들을 사용하는 데 스스로 우려되는 것이 있습니까? 이런 종류의 전략에 의지한다면 그것이 무엇을 의미한다고 생각하는지 적어보십시오.

이번 장에서는 지난 몇 주 동안 배운 기법들에 대한 검토로 시작했습니다. 그리고 우리는 이러한 기법들을 바탕으로 일을 완수하기 위한 전반적인 틀을 다루었습니다. 반복적인 방해물들을 제거하는 방법뿐만 아니라 과업을 완수할 가능성을 높이는 방법도 살펴보았습니다. 우리가 스스로 정한 과업을 끝내는 것은 우리의 불안과 우울을 감소시키는 데 큰 역할을 할 수 있습니다. 불안과 우울이 줄어듦에 따라 일을 관리하는 것이 더욱 쉬워집니다.

이 프로그램의 5주가 지난 현 시점에서 우리의 작업이 어떻게 진행되고 있는지 시간을 내어 생각해보십시오. 잘 되어가고 있습니까? 진행하는 것에 어려움이 있는 부분이 있습니까? 이번 장에 제시된 것들에 대해 어떤 마음이 올라오든 적어보세요. 6주차에는 두려움에 마주하는 것에 함께 작업해볼 겁니다.

....

....

....

....

....

....

....

....

....

....

활동 계획

1. 5가지 활동들에 대해 일정을 정하고 완수하십시오.
2. 「당신의 생각에 도전하기」 양식에 적어도 하나 이상을 완수하십시오.
3. 이번 주에 예정한 과업을 완수하십시오.
4. 이번 주부터 실행할 2~3가지의 전략을 선택하십시오.
5. 6주차 여정을 완수하기 위한 시간을 계획하십시오.

과업 쪼개기

과업: _____

    하위 과업:

        ....

        ....

        ....

        ....

과업: _____

    하위 과업:

        ....

        ....

        ....

        ....

과업: _____

    하위 과업:

        ....

        ....

        ....

        ....

과업:

하위 과업:

···

···

···

···

과업:

하위 과업:

···

···

···

···

과업:

하위 과업:

···

···

···

···

두려움과 마주하기

지난주에 우리는 일상적인 방해물들을 이겨내기 위한 방법뿐만 아니라 일을 완수하기 위한 구조화된 계획을 포함하여 시간 및 과업 관리에 대해 다루었습니다.

우리는 이제 이 프로그램의 마지막 주요 과제인 두려움을 어떻게 직면할지에 대하여 논의할 준비가 되었습니다. 하지만 먼저, 지난 한 주 동안 상황이 어떻게 되었는지를 보고, 이전 장에서 친숙해진 주제들을 다시 살펴봅시다.

지난주에는 세 가지 주요 목표가 있었습니다: 즐겁고도 중요한 활동들을 완수해 나가기, 문제가 있는 생각들을 다루기, 시간과 과업을 관리하는 방법에 대해 작업하기.

지금쯤이면 계획한 활동을 원활히 완수해 나가고 계시길 바랍니다. 만약 계속 분투하고 있다면, 2주차의 내용으로 돌아가 필요한 원리들을 다시 살펴보십시오. 다음의 공란에는 지난주에 성공했던 것과 힘들었던 것을 간략하게 검토해 보세요.

....

....

....

  다음 주에도 당신의 목록에 있는 활동들을 완수하는 일을 계속해 나가
십시오. 아직 3개를 완수하지 못한 경우, 일정표에 추가하는 것을 고려해
보세요. 또한 「매일의 활동」 양식(76쪽)을 사용하여 3일 동안 당신의 활동
을 관찰해 보십시오.

**지난 한 주 동안, 여러분은 사실로 확인되지 않는 것들에 대해 생각하고 있는
자신을 발견하였습니까? 아래 칸에 여러분이 알아챈 생각이나 힘들었던 생각들을
기록해보세요.**

....

....

....

....

  지금쯤이면 증거찾기 훈련을 완전히 거치지 않았더라도 생각을 보다
효율적으로 떨쳐버리기 시작할 수 있는 경지에 이르렀을 것입니다. 그런
생각들에 대응하는 말을 해보는 것은 도움이 됩니다. 예를 들어, 4주차에
알렉스가 부정확한 생각을 하고 있는 자신을 발견했을 때, "누군가 또
나에게 거짓말을 하고 있어."와 같이 말하는 것을 우리는 보았습니다.

이럴 때, 다음과 같은 반응을 보일 수도 있습니다:

1. "내 생각들이 흘러가고 있군."
2. "좋아, 현실로 돌아가자."
3. "그 말이 사실이 아니어서 다행이야."
4. "네가 생각하는 모든 게 다 사실인 건 아니야."

선택사항은 수없이 많습니다. 그냥 당신에게 반향을 일으킬 만한 말을 찾으십시오. 다음 한 주 동안, 당신의 생각이 자신에게 도움이 되지 않는지, 그리고 언제 도움이 되지 않는지 계속해서 관심을 기울여보십시오. 문제가 되는 생각이 쉽게 떨쳐버리기가 어려우면, 「당신의 생각에 도전하기」 양식을 완성해볼 계획을 세우십시오.

시간 및 과업 관리에 대한 구체적인 전략을 사용하여 몇몇 과업을 완수할 계획이었다면, 스스로 설계한 계획을 얼마나 잘 실행하였습니까? 예상보다 안 되거나 더 잘 되었던 것이 있나요? 스스로 세운 계획을 지켜나가는 데 어려움이 있었다면, 어떤 것이 방해가 되었나요?

....

....

....

....

....

....

....

만약 어려움이 겪고 있다면, 5주차 내용을 복습해보는 것을 고려해 보십시오. 방해물 섹션으로 돌아가서 그것들 중 어떤 것이 적용되었는지 확인해보십시오. 만약 그렇다면, 방해물을 제거하는 데 가능한 방법들을 검토해보세요.

다음 한 주 동안 당신의 과업 목록을 작성하기, 우선순위 정하기, 일정 세우기에 대한 계획을 계속 따르십시오. 회피를 극복하고 더욱 생산적으로 되기 위해서 시도를 여러 번 반복해야 할 수 있습니다. 어떤 방식이 당신에게 효과가 있는지 찾을 때까지 인내심을 가지고 연습하십시오.

두려움과 마주하기

"어떻게 보면 두려움이 내 삶의 모든 부분에 영향을 끼쳤다는 사실을 깨달았어요."

줄리는 중학교 1학년 때 처음으로 사회 불안social anxiety을 처음 경험했습니다. 이제 27살이 된 그는 인생의 절반 이상을 힘들게 살아왔습니다. 그가 두려워하는 사회적 상황을 나에게 말했으나, 내 앞에 앉아서 재빠른 유머감각으로 자신감 있게 표현을 잘하는 이 젊은이와 사회 불안을 겪는 그를 일치시키기가 조금 어려웠습니다. 나는 그 부분을 그에게 말했습니다.

"어디서나 그런 것은 아니에요." 그는 말했습니다. "선생님이 나를 나쁘게 보지 않을 것이란 걸 알아요. 내가 멍청하고 어색하다고 생각할 것 같은 사람과 이야기할 때는 그래요." 그는 잠시 멈추었다가 계속 말했습니다. "이상한 것은, 내가 멍청하거나 어색하지 않다는 것을 알아요. 내 말은, 이제는 그걸 알겠어요. 하지만 처음 보는 사람 곁에 있거나 여러 사람 앞에서 말을 해야 할 때, 또는 데이트할 때, 나는 꼼짝하지 못해요. 환한 조명이 나에게 비춰지고, 누군가 나에게 마이크를 건네주었는데 준비한 연설을 까먹은 것처럼 말이에요."

그는 대학교 때부터 스타트업에서 일을 해왔고, 업무를 잘 해서 인정을 받아왔었습니다. 팀의 상사인 케빈은 그의 획기적인 아이디어에 감명을 받았다고 말하며, 팀 미팅 때 팀원에게 그 아이디어를 발표하도록 격려하였습니다. 그러나 아무리 노력해도 줄리는 팀원들 앞에서 자신의 생각을 자발적으로 말하지 못했습니다. 케빈은 그에게 왜 미팅에서 더 많은 의견을 제시하지 않았냐고 묻자 그는 굴욕감을 느꼈고, 여러 사람 앞에서 발표할 때는 자신감이 없어 힘겨워하고 있음을 인정해야 했습니다. 케빈이 "제안할 것이 있는 사람?"이라고 물었을 때 그를 바라보고 있다는 것을 느낄 수 있었습니다. 그는 종종 그의 온화하지만 발표에 대한 지속적인 압박과 그의 무기력한 사회 불안 사이에서 난처함을 느낍니다.

최근, 케빈은 그에게 흥미진진한 새 프로젝트를 추천하고 싶지만, 그룹을 이끌 수 있는 그의 능력에 대해 우려하고 있다고 말했습니다. 그런데 그는 남몰래 안도하였습니다. 그는 그룹을 이끄는 것, 특히 그룹 앞에서 말하는 것에 대해 큰 걱정을 하고 있습니다. 하지만 동시에, 그는 자신의 분야에서 승진하기를 원하고, 그 일은 분명 좋은 기회가 될 것입니다. 게다가 그는 사회 불안 때문에 데이트도 하고 있지 않고, 그래서 직장에서 더 큰 도전을 해볼 수 있습니다.

다시 한번, 그는 자신을 두렵게 하는 사회적 상황을 피하고 싶은 마음과 그의 잠재력보다 낮은 단계에 갇혀 있는 것 사이에 끼어 있다는 느낌을 받았습니다.

이번 장에서는 줄리의 상황에서와 같이 두려움을 어떻게 마주할 것인가에 대해 다룹니다. 그가 사회적 불안으로 어려움을 겪는 동안 우리가 다룰 원리들은 모든 종류의 두려움에 적용됩니다.

두려움을 극복하는 가장 효과적인 방법은 그것을 유발하는 상황에 자신을 노출시키는 것이라는 원리가 있습니다. 우리가 주목할 기법은 이 원리에 바탕을 두고 있습니다. 이러한 치료 접근법을 노출이라고 합니다. 노출치료는 우리가 실제로 두려워하는 상황에 직면하기 위해 사용됩니다.

거대한 두려움으로 애를 쓰고 있다면, 우리가 지금까지 해 온 인지 작업이 도움이 될 것입니다. 두려움의 타당성에 도전하는 작업은 그것들을 직면하기 위한 결정적인 단계가 될 수도 있습니다. 그 작업이 두려움을 없애주지는 못해도 우리의 두려움이 타당하지 않는다는 사실을 한번 깨닫게 되면 우리는 그러한 두려움에 기꺼이 직접 맞서는 경향이 있습니다.

잠시 시간을 내어 자신의 두려움에 대하여 생각해봅시다. 당신의 주된 두려움이 어떤 것인지 적어봅시다. 이러한 두려움들이 당신이 인생을 최대한으로 살아가는 데 방해가 되었나요?

....

....

....

....

....

....

두려움 마주하기의 원칙

처음 몇 회기 때 줄리와 나는 그의 목표를 향해 나아가는 계획을 세웠습니다. 우리는 그가 사회적 상황에 대해 가졌던 생각들을 조사하였습니다. 특히 특정한 만남에서 상황이 어떻게 진행될지에 대한 그의 예측들에 대해 말입니다. 시간이 지나면서 그가 생각한 것만큼 두려워할 것이 아마도 그리 많지 않을 거라는 사실을 그는 깨달았습니다. 예를 들어 사람들이 조금 어리석은 짓을 하더라도 그는 그들을 가혹하게 판단하지 않습니다. 그래서 다른 사람들도 그를 매우 비난하고 있다고 생각할 이유가 전혀 없었습니다.

이쯤 되면 줄라는 자신의 두려움에 직접적으로 마주할 때입니다. 우리는 두려움에 마주하는 원칙을 검토하는 것으로 시작하였습니다. 왜 우리가 알고 있는 것들이 우리를 불편하게 만드는 것일까요?

불안을 낮추기

만약 우리가 두려움을 마주할 때마다 매번 무서워한다면, 두려움을 마주하는 일을 옹호하기는 힘들 것입니다. 필요가 없다면 힘들게 할 이유가 없지요. 두려움은 어떤 것이 위험하다는 예상을 바탕으로 합니다. 우리가 무서운 상황을 마주했는데 어떠한 나쁜 일도 실제로 일어나지 않았을 때, 우리의 뇌는 그 상황에 대한 새로운 정보를 얻습니다. 이러한 방식으로, 우리가 두려움에 마주했을 때 두려움은 감소합니다. 보통 자신에게 덜 두려워하라고 설득할 필요가 없습니다. 우리가 두려워하는 무언가를 그냥 하는 것만으로도 그 일은 더 수월해집니다.

예를 들어, 저는 거미에 대한 두려움이 컸습니다. 어느 가을에 차고 문틀에 큰 거미가 거미줄을 쳤습니다. 매일 아침 저는 차고를 통과하는 길에 거미를 지나치곤 하였습니다. 처음 몇 번 보았을 때, 저는 정말 긴장했고 가능한 한 빨리 지나쳐 버렸는데, 그것이 저에게 달려들 확률을 50%로 예상했습니다. 몇 주가 지나자 저는 거미를 덜 무서워하게 되었고 결국 거미에게 친근감을 느끼기도 했습니다. 거미가 그곳에 거미줄 치는 일이 없어지자 저는 정말 안타까웠고, 이후로 다시는 보지 못했습니다. 그런 경험 이후에는 거미를 봐도 더 이상 두렵지 않았습니다.

두려움을 마주하였는 데 두려움이 줄어들었을 때를 생각해보고, 아래 칸에 그 일에 대해 적어보십시오.

....

....

....

....

불안을 밑바닥에서부터 극복하기

수년 전에 나는 공황 발작을 앓고 있는 중년 남성 론Ron을 치료하였습니다. 내가 점진적으로 두려움에 마주하는 과정을 설명하였을 때, 그는 나에게 딱 맞는 비유를 주었습니다.

론은 어렸을 때 고소공포증이 있었습니다. 그는 20대 때 건물 대부분이 겨우 2~3층 밖에 되지 않는 작은 마을에서 공사를 하고 있었고, 그래서 그의 고소공포증은 크게 문제가 되지 않았습니다. 일자리가 더 큰 도시로 이사를 했을 때, 그는 더 높은 건물에서 일할 것을 알게 되었고, 그 일을 할 수 없을지도 모른다고 걱정하였습니다.

그의 첫 번째 일 중 하나는 16층 건물 공사를 돕는 작업이었습니다. 론은 일을 하기 위해 다른 방법을 찾아야만 한다고 생각했습니다. 하지만 론에게 감사하게도, 건물들은 밑바닥에서부터 지어집니다. 초기에 건물의 토대 작업을 하는 동안에는 지하에서 일을 했고 그 뒤 몇 주 동안은 지상에서 작업을 하고 있었습니다. 2층에서 일을 시작했을 때, 그는 조금 긴장했지만 꽤 빠르게 익숙해졌습니다.

3층은 2층보다 더 나쁘지 않았고 그는 곧 높은 곳에서 일하는 것이 편해졌습니다. "건물이 반쯤 올라갔을 때, 난 내가 괜찮을 것이라는 걸 알았어요." 론은 말했습니다. "조금 더 높이 올라갈 때마다 익숙해지려면 약간 시간이 걸렸지만, 나는 둘째나 셋째 날이면 괜찮아지리라는 걸 알만큼 충분한 경험을 했어요. 이제 고소공포증은 걱정 안 해요."

론의 경험은 노출치료를 완벽하게 적용한 것입니다. 어떤 원칙이 그의 "치료"를 효과적으로 만들었다고 생각하십니까?

■ 두려움에 마주할 때 상식을 활용하세요

　당연히 두려움에 마주하는 과정은 진짜로 위험하지 않는 상황에서만 도움이 됩니다. 성나게 쏘아대는 곤충이나 독사에게 접근하는 것은 긍정적인 학습경험을 제공하지 못할 것입니다. 명심하십시오. 당신이 선택한 활동은 비교적 안전해야 합니다. 어떤 활동도(심지어 아침에 침대에서 일어나는 일조차도) 어느 정도의 위험성이 수반되지만, 당신이 선택한 활동은 일상적인 활동보다 더 큰 위험을 초래해서는 안 됩니다.

점진적으로 직면하기

　줄리는 자신이 더 좋은 위치로 갈 수 있는 유일한 방법은 자신의 두려움을 직접 마주하는 것이라고 결심했습니다. 우리는 줄리가 두려워하는 사회적 상황의 목록을 만들고, 그것을 할 때 얼마나 많은 불안을 경험하는지(0부터 10까지의 척도로)를 각각 평가하였습니다. 그 활동들은 그가 이미 하고 있는 것부터 상상하기 어려운 일까지 다양했습니다. 그 뒤 그의 활동들을 순위대로 나열하였습니다; 간단한 형식은 다음과 같습니다:

활동	심리적 고통의 정도(0~10)
직장에서 발표하기	9
데이트하기	8
직장에서 동료와 회식하러 가기	7
팀 미팅에서 크게 말하기	6
친구와 영화보러 가기	5
내 의견을 상사에게 말하기	4
잡화점 계산원과 대화하기	2

　그의 불안 순위 목록에서 볼 수 있듯이, 줄리의 활동은 낮은 불안에서부터 높은 불안(아래에서 위로)까지 다양하며, 각 순위 간에 큰 차이는 없습니

다. 이상적으로는 사다리처럼 비교적 고르게 간격을 만드는 것이 좋습니다.

자신의 두려움에 대해 다시 생각해보십시오. 그것들을 점진적으로 마주할 수 있는 활동들은 어떤 것이 있습니까? 아래에 당신의 생각을 적어보십시오.

....

....

....

의도적으로 노출하기

"노출의 개념은 이해했어요." 우리가 어떤 활동을 시작할지를 계획하던 중 줄리는 말했습니다. "그런데 왜 저는 제가 하고 있는 일들이 두려울까요? 제 말은, 제가 그룹 미팅에서 절대 이야기하지 않는 것도 아니고, 상사한테도 내 생각을 말한다는 거에요."

"최근에 그룹 미팅에서 이야기한 적이 있으면 말해보세요." 나는 물었습니다.

"물론이죠. 케빈은 우리 각자에게 프로젝트가 어떻게 진행되고 있는지 알려달라고 했어요. 제 차례가 왔을 때, 너무 긴장하긴 했지만 해야 할 말을 했고 제가 잘 해낸 것 같다고 느꼈어요."

"평소에도 그런가요?" 나는 그에게 물었습니다. "줄리 씨가 어떤 의사를 표현할 때는 보통 꼭 해야 하기 때문인가요? 아니면 자발적으로 하는 것인가요?"

그는 그것에 대해 생각해보고는 말했습니다. "정말 그렇게 하는 걸 사람들이 기대할 때만 그런 것 같아요. 제 말은, 제가 뜬금없이 말하는 편이 아니라는 거죠. 사람들이 그걸 바보 같은 생각이라고 간주할까봐, 그 생각은 혼자만 하고 있어야 했다고 생각하게 될까봐 두려운 것이죠."

줄리의 사례는 다음과 같이 중요한 점을 제기합니다. 즉, 노출이 가장 효과적으로 되기 위해서는 일부러 해야 한다는 것입니다. 두려움을 피하려는 욕구를 의도적으로 거스르는 것은 우리의 뇌에 강력한 메시지를 전달합니다. 어쩌면 우리가 그렇게 두려워할 필요는 없을 수도 있습니다. 결국, 내가 의도적으로 그것을 마주한다면 얼마나 더 안 좋게 될 수 있을까요? 두려움에 마주하기로 결정하는 것은 우리의 의지에 반하거나 어쩔 수 없는 선택으로 마주하게 되는 것보다 훨씬 효과적입니다. 이러한 이유로 노출은 사람에게 뱀을 만지라고 강요하는 것처럼 우리에게 강요한다고 되는 것이 결코 아닙니다.

당신이 두려워하는 것들을 시도하지 않았는데 우연히 마주쳤을 때를 생각해 보십시오. 두려움을 줄이는 데 얼마나 도움이 되었습니까?

....

....

....

....

....

필요에 따라 노출 반복하기

"해냈어요." 줄리는 그 다음 주에 나에게 말했습니다. "동료 몇 명과 어울렸었는데 잘 되었어요. 내가 두려워하던 끔찍한 일은 실제로 일어나지 않았어요."

"훌륭하시네요." 나는 말했습니다. "이 일을 통해 무엇을 배우셨나요?"

"글쎄요. 이런 상황에서는 그렇게 긴장할 필요가 없을 것 같아요. 하지만 그것은 단 한 번뿐이었고, 그냥 운이 좋았던 것일 수도 있어요. 다양한 사람들 사이에 있거나 다른 주제의 대화이거나 제가 피곤한 상태라면 정말 안 좋게 진행될 수도 있을 거예요."

줄리가 알아낸 것처럼, 한 번만 하는 것은 용기 있는 행동일 수 있으나, 그것은 치료가 아닙니다. 우리의 활동이 더 편안해지도록 느끼기 시작할 때까지 반복함으로써 치료가 되는 것입니다. 우리 신경계는 보통 단 한번 어떤 상황에 직면한다고 해서 그 상황에 대해 두려움이 멈춰지지는 않습니다. 그리고 그건 그럴 만한 좋은 이유가 있습니다. 우리 모두는 아마 한 번쯤은 위험한 일을 저지르고 빠져나온 적이 있을 것이고, 참 운이 좋았다라고 바로 느꼈을 것입니다. 두려움을 약화시키려면 반복이 필요합니다.

추가로, 반복적인 노출 간격은 시간상으로 비교적 가까울 필요가 있습니다. 예를 들어 많은 사람들은 비행을 두려워합니다. 만약 멀리 떨어져 있는 가족이 있다면, 일 년에 한 번 정도 휴일에 비행기를 탈 수 있습니다. 일 년에 한 번 노출(이 경우, 비행)을 반복하는 것은 일반적으로 두려움의 정도에 변화를 주기에는 충분하지 않습니다. 시간상으로 비교적 가깝게 여러 번 비행기를 타면 큰 변화를 만들 수 있습니다.

불편함을 견뎌라

"이번 주에 직장 동료과 회식하였을 때 무슨 일이 있었나요?" 나는 줄리에게 물었습니다.

"정말 거기에서 벗어나고 싶은 순간이 몇 번 있었어요. 그때 나는 화장실로 가서 '뒷문으로 그냥 빠져나가면 되겠구나. 그럼 아무도 눈치채지 못할 거야.' 라고 생각했어요."

"그런데 무엇 때문에 그만두었나요?" 나는 물었습니다.

그는 웃으며 "우선은 우리가 이런 대화를 하게 될 줄 알았고, 도망갔다는 말을 하고 싶진 않았어요. 그리고 그것보단, 도망치는 것이 지겨워요. 두려움으로부터 도망쳐왔지만, 내 인생에서도 도망치고 있어요. 이 두려움을 헤쳐 나갈 수 없다면 나는 어떻게 누군가를 만나 사랑에 빠질 수 있을까요?"

그래도 줄리는 남아 있었기 때문에, 상황이 어려워지더라도 벗어날 필요가 없다는 것을 깨닫게 되었습니다. 불안의 파도가 지나가는 것도 그는 보았습니다. 과거에 그는 항상 그 상황에서 탈출하는 것이 자신의 고통을 덜어줄 유일한 방법이라고 생각했습니다.

우리가 불안 순위 목록에 따라 작업함으로써, 새로운 것을 익힐 수 있을 만큼 충분히 오랫동안 상황에 머물러 있는 것이 중요합니다. 만약 우리가 처음 불편함을 느꼈을 때 도망을 간다면, 우리의 회피행동은 더 강화되고, 그대로 머물렀다면 상황이 정말 나쁘게 될 수도 있었겠다는 신념도 더욱 강화되고 말 것입니다. 최근 미셸 크레이스크Michelle Craske 등의 연구 결과가 보여주듯이, 비록 훈련이 도움이 되기 위해 공포가 꼭 줄어들 필요는 없지만, 노출 그 자체를 통해 우리의 두려움이 줄어든다면 잘 된 일입니다.

당신의 불안감이 급상승하여 달아났던 상황이 있었습니까? 그대로 머물렀더라면 어떻게 되었을 거라 생각합니까?

....

....

....

....

....

불필요한 소품을 제거하라

"그동안 제가 해온 일들의 많은 부분이 필요하지 않다는 사실을 깨닫고 있는 중이에요." 줄리는 말했습니다. "예를 들어, 저는 항상 팀 미팅에서 말하고자 하는 내용을 원고로 모두 다 타이핑해야 한다고 생각했어요. 사전에 그것을 검토하고 제가 할 수 있는 한 최대로 암기할 수 있게 말이죠. 하지만 그 후 제가 발언할 때 써놓은 글들을 읽어서 생생함이 없어지거나 써놓은 것들을 기억하려고 애를 쓰다가 잊어버리게 되면 몹시 당황하곤 했어요."

줄리는 두려움이 현실로 되는 것을 막기 위해 자신이 할 수 있는 여러 일들을 설명했습니다. 예를 들어, 친구들과 만날 때 그는 '어색한 침묵'을 피하기 위해 저녁 식사 대신 영화를 보러 가는 것을 선호하였습니다.

이런 행동들 중 몇몇을 포기함으로써 그는 무엇을 배웠는지 나는 물었습니다.

"제가 덤보가 된 것 같아요!"라고 그가 말했습니다. 나는 어리둥절해서 그를 바라보았고, 그는 말을 이었습니다. "덤보는 커다란 귀가 있어서 날 수 있었지만 친구들이 준 '마법의 깃털' 때문에 날 수 있다고 생각했어요. 이 소품들은 모두 저의 '마법의 깃털'이었고, 덤보처럼 깃털을 떨어뜨리면, 제가 외웠던 단어가 기억나지 않을 때처럼 추락할 줄 알았어요. 이제 저는 미팅에서 큰 소리로 말할 수 있고, 최선을 다하고 있고, 지금까지 잘 되고 있어요."

줄리가 묘사한 대로 그의 "마법의 깃털"을 "안전 행동"이라고 부릅니다. 왜냐하면 그것들은 우리가 불안해하는 상황에서 "우리를 보호"하기 위한 것이기 때문입니다. 줄리가 발견했듯이 대부분의 경우 이러한 행동이 필요하지 않으며, 심지어는 좋지 않게 작용할 수도 있습니다. 예를 들어, 한 남자가 대화가 끊어질 경우를 대비해서 데이트 상대에게 물어보기 위한 질문 목록을 외운다고 해봅시다. 자연스러운 대화 대신에 흥미로운 대화 주제들을 끊고 연관 없는 내용들을 연속으로 질문하는 결과를 가져올지 모릅니다.

안전 행동이 부정적인 결과로 이어지지 않더라도 다음과 같은 대가가 따를 수 있습니다. 만약 내가 그런 것들을 하지 않았다면 매우 잘못되었을지도 모른다고 스스로 생각할 수도 있습니다. 이런 방식으로, 우리는 추가적인 소품 없이도 두려움과 마주할 수 있다는 사실을 깨닫지 못하게 됩니다.

당신이 두려워하는 상황과 두려워하는 일들을 막기 위해 하는 행동들에 대해서 생각해 보십시오. 이러한 행동들 중 어떤 것이 그만하도록 고려해 볼 수 있는 불필요한 안전 행동이라 생각되나요? 당신의 생각을 아래 칸에 적어보세요.

....

....

....

....

....

....

불편함과 불확실성을 받아들여라

"발표는 어땠나요?" 나는 줄리에게 물었습니다. 그는 불안 순위 목록에서 가장 높은 항목까지 작업을 하였는데, 그것은 회사 전체 직원 앞에서 그가 팀 프로젝트에 대한 발표를 하는 일이었습니다.

"제 예상보다는 별로였어요," 그는 말했습니다. "그렇지만 또 예상보다는 좋았어요." 그는 이어서 "우리 회사 사람들만 있을 것이라 생각했어요.

그러나 회의 전에 케빈은 저를 따로 불러 이건 현재 및 잠재적 투자자들을 위한 화려한 행사가 될 것이라고 말했습니다. 저는 기본적으로 투자금을 마련하기 위해 프로젝트 홍보를 하게 되리라는 걸 알지 못했어요. 그래서 불안이 예상보다 더 심했어요. 척도에 11도 있었다면, 아마 거기에 해당했을 거에요."

"그래서 어떻게 됐어요?" 나는 그에게 물었습니다.

"그냥 기회라고 생각하고 불안을 없애려고 애쓰지 않고 불안 속으로 몸을 맡기기로 했어요. 그리고 정말 내가 뭘 하려고 했지? 발표 안해? 그래서 속으로 '이것은 나에게 편안한 상황은 아니고, 어떻게 될지 전혀 알 수 없어. 어떻게 될지 어디 지켜보자.'라고 말했어요. 그리고는 모두 잘 되었어요. 처음에는 무서웠지만, 갈수록 수월해졌어요. 그리고 프로젝트에 새로운 투자자가 생길 것 같아요."

우리가 두려워하는 일을 할 때 그런 일은 대부분 불편할 것입니다. 우리는 그런 불편함을 참을 수도 있고, 아니면 그것을 받아들이기로 결정할 수도 있습니다. 그 일이 무서울 것이라는 사실을 우리가 받아들이면, 두려움은 우리를 지배하는 힘을 잃어버립니다. 그것은 불편할 것입니다. 더 좋을 것도, 더 나쁠 것도 없습니다. 그냥 불편합니다.

우리는 불편함에 기대는 것처럼 불확실성에 기댈 수 있습니다. 알 수 없는 것으로부터 뒷걸음치기보다는 "무슨 일이 일어날지 모르지만, 어쨌든 기꺼이 해낼 수 있어."라고 자신에게 말할 수 있습니다.

자신의 두려움과 마주할 때, 피할 수 없는 불편함을 어떻게 하면 견디고, 내재된 불확실성을 받아들일 수 있도록 어떻게 자신을 북돋을 수 있을까요? 예를 들어보면 다음과 같습니다.

- 그 일은 어려운 일이 될 것이라는 생각과 어쨌든 그 일을 기꺼이 해야 하는 이유를 스스로 상기시키기

- 경험에 대해 호기심을 갖는 태도를 조성하기: "어떻게 되는지 지켜보자."
- 우선 어떤 동기로 두려움에 직면하려는지를 명심하기
- 불편함은 영원히 지속되지 않음을 기억하기
- 당신이 가진 힘의 원천을 활용하기
- 회피해서는 커다란 수확을 거의 얻을 수 없다는 사실을 깨닫기

아래 칸에, 불확실한 또는 불편한 상황에 마주하여 물러나고 싶을 때 자신에게 상기시킬 것들을 적어보십시오.

....

....

....

....

....

🔖 용기란 무엇인가?

"용기는 두려움의 부재가 아니라, 두려움보다 다른 무언가가 더 중요하다
는 판단이다."

— 앰브로스 레드문

다양한 두려움에 대한 맞춤 노출

노출치료의 일반적인 원칙들은 다양한 종류의 불안에 효과가 있지만, 우리는 그것을 특정한 조건이나 환경에 맞춤 조정함으로써 그 효과를 높일 수 있습니다.

특정 공포증

특정 공포증에 대한 노출이 가장 간단한 편입니다. 많은 사례에서 보듯이 한 번의 확장된 노출 회기만으로 질환을 효과적으로 치료할 수 있습니다. 예를 들어, 한 연구는 치료를 받은 사람의 90%에서 약 2시간의 노출이 지속적인 호전이나 심지어는 완전한 회복으로 이어진다는 사실을 발견하였습니다. 그 프로토콜은 치료사의 도움 없이 실행될 때도 효과적일 수 있습니다.

공포증에 대한 노출은 당신이 두려워하는 사물이나 상황과 상호작용할 때 어떤 일이 일어날 것인지에 대해 당신이 예상했던 가정을 검증할 수 있게 해줍니다. 예를 들어, 만약 당신이 엘리베이터에 갇히게 될까봐 두렵다면, 엘리베이터 타는 것은 여러분이 그 예상을 검증할 수 있게 해줍니다.

만약 당신이 공포증으로 어려움을 겪고 있다면, 당신이 그 대상과 마주할 경우 어떤 일이 일어날 것이라 생각하십니까?

....

....

....

....

....

....

이러한 예상들을 명심해 두십시오. 이번 장의 후반부에 당신만의 노출을 위한 불안 순위 목록을 만들 때 유용할 것입니다.

공황장애

공황장애를 관리하는 데 중요한 역할을 할 수 있는 노출치료는 여러 가지가 있습니다. 가장 쉬운 '호흡 유지하기'부터 시작해봅시다.

호흡 유지하기. 호흡은 우리의 신경계와 밀접하게 연결되어 있습니다. 우리가 차분하고 편안함을 느낄 때 호흡은 느리고 고르게 되는 경향이 있습니다. 우리가 두려울 때는 빠르고 얕은 숨을 쉽니다. 지금 빠르고 얕은 숨을 몇 번 쉬고 당신의 느낌이 어떤지 주목해보십시오. 그 뒤 느린 숨을 몇 번 쉬고나서 어떻게 되는지 지켜보십시오.

공황 발작이 잦을 때는 생리적인 각성과 불안을 증가시키는 식으로 호흡하는 경향이 있습니다. 매일 몇 분씩 안정된 호흡을 연습함으로써 우리는 스트레스의 정도를 낮출 수 있습니다. 공황을 관리하기 위해 작업하고 있다면, 다음과 같은 방법으로 하루에 5분씩 투자할 계획을 세워보세요.

1. 넷을 세는 동안 천천히 들이마십시오. 깊게 쉬는 것보다 느리게 쉬는 것이 더 중요합니다. 가슴보다는 배로 가능한 한 많이 호흡하십시오. 복식 호흡은 연습을 통해 점점 더 나아질 것입니다.
2. 넷을 세는 동안 천천히 숨을 내쉽시오.
3. 다음 숨을 들이마시기 전에 둘에서 넷까지 세면서 호흡을 멈추십시오.

노출 훈련 동안에 이 호흡법을 사용할 수도 있습니다. 우리가 도전적인 상황에 직면하고 공황에 대해 걱정할 때, 우리가 그 상황을 통제할 수 없는 것처럼 느낄 수 있습니다. 우리가 통제할 수 있는 한 가지는 호흡에 주의를 집중하는 것이고, 호흡을 우리가 도전에 직면할 수 있도록 돕는 중심점으로 삼을 수 있습니다.

호흡의 요점은 노출을 통해 당신을 돕는 것이지 불안을 줄이거나 공황에 빠지지 않도록 확신을 주는 것이 아님을 명심하십시오. 만약 우리가 그 호흡을 "공황을 막기 위한" 수단으로 사용한다면, 그것은 역효과를 내고 더 큰 불안으로 이어질 수 있습니다.

기억할 사항: 호흡 집중하기의 핵심은 말 그대로 호흡에 집중하는 것입니다.

예상을 검증하기. 만약 당신이 공황장애를 앓고 있다면, 이 시점에서 공황에 대한 당신의 신념 중 몇 가지를 재평가해 보시기를 바랍니다. 예를 들어, 우리는 공황발작이 실제로는 위험하지 않을 때(단지 매우 고통스럽지만), 질식하거나 "정신을 잃을 것"으로 이어진다 생각할지 모릅니다. 우리는 노출 훈련을 통해 공황에 대한 우리의 신념을 더욱 검증해 볼 수 있습니다.

만약 당신에게 공황이 온다면 무슨 일이 일어날지에 대해 당신이 가지고 있는 신념들은 어떤 것이 있습니까? 이것들 중 몇몇은 단순히 생각에 도전하기만으로는 대응하기가 어려웠습니까? 예를 들어, 당신은 안 좋은 (공황 말고 다른)일이 일어날 것이라 예상합니까?

....

....

....

....

....

노출을 위한 불안 순위 목록을 설계할 때, 자신이 가지고 있는 신념과 이것들을 어떻게 검증해볼 수 있는지를 생각해 보십시오.

두려움에 대한 두려움을 마주하기. 공황장애를 겪고 있는 경우 우리는 몸의 반응에 대해 때때로 두려움을 느끼기 시작하는데, 그 이유는 그러한 반응들이 공황과 관련이 있기 때문입니다. 예를 들어, 공황 중에는 심장이 뛰는 현상 때문에 우리는 심장 박동이 빨라지는 것을 두려워할 수도 있습니다. 그 결과, 심장 박동을 높이는 활동을 피하기 시작할 수도 있고, 이는 우리의 두려움을 더욱 강화시킵니다.

두려움 때문에 피하게 되는 모든 활동처럼 우리는 신체적 증상들이 줄 수 있는 불편함을 줄이기 위해 신체적 증상에 접근하는 훈련을 할 수 있습니다. 이러한 유형의 훈련은 내부감각수용 노출interoceptive exposure 이라 하며, 일반적인 활동들과 그것이 유발하는 증상은 다음과 같습니다.

활동	감각
커피젓는 빨대를 통해 1분간 호흡하기	질식할 것 같은 느낌
1분간 격렬하게 뛰기	심장이 빠르게 뛰고 호흡이 짧아짐
빠르고 깊은 호흡을 10번 하기	과호흡, 사지 마비, 비현실감
회전의자에서 돌기	현기증

공황과 관련된 신체감각에 대해 두려움이 생긴 적이 있나요? 만약 그렇다면 당신이 경험한 것 중 어떠한 신체감각이 불편했나요? 아래 칸에 적어보시고, 그러한 감각들을 만들어 낼 수 있는 활동들도 적어보십시오.

···

···

···

···

신체감각을 두려워해왔다면, 그러한 활동들을 불안 순위 목록에 포함시키도록 계획해 보십시오.

공황에 대한 열린 자세. 공황을 일으키지 않으려고 노력하는 것은 역설적으로 공황을 더 일으키는 효과를 가집니다. 많은 사람들에게 있어 공황에 대한 가장 강력한 해결책은 기꺼이 공황을 경험하려는 자세입니다. 어떤 사람은 "어디 덤벼봐."라는 마음가짐을 묘사하기도 합니다. 우리가 기꺼이 공황 발작을 겪으려 할 때, 공황발작을 덜 두려워하고 덜 일으키게 됩니다.

내부감각수용 노출을 통해 기꺼이 공황과 같은 증상을 경험하려는 작업은 이러한 사고방식과 일맥상통합니다. 또한 당신이 경험하는 특정 증상에 대한 열린 자세를 훈련할 수 있습니다. 예를 들어, 당신의 심장이 빨리 뛰기 시작하면 그대로 두십시오. 더 빨리 뛰게 하려는 의지를 보일 수도 있습니다. 나와 작업했던 대부분의 사람들은 이 훈련이 공황을 멈추게 하려는 우리의 자연스러운 충동에 반대되기 때문에 꽤 힘들다고 생각합니다. 하지만 동시에, 그러한 태도가 매우 도움이 된다고 깨닫게 되기도 합니다.

사회불안장애

사회불안장애에 대한 CBT는 질환의 특정한 인지 요소를 다루기 위한 맞춤식 기법을 포함합니다.

> **신념을 시험하기 위해 노출 사용하기.** 줄리는 발표하는 동안 사람들이 끔찍히 지루해하고 불편해할까봐 두려웠습니다. 우리는 그가 사람들이 이런 것들을 느끼고 있다는 것을 어떻게 알 수 있는지 확인하기 위한 작업을 했습니다. 그들이 무엇을 하고 있습니까? 다른 사람이 여러 사람 앞에서 말할 때 그들의 행동과는 어떻게 다릅니까?

발표를 하는 동안 줄리는 억지로 고개를 들어 사람들의 반응을 살폈습니다 - 자신이 보게 될 것을 두려워하면서도 말입니다. 뜻밖에도 그의 동료들은 전과 거의 똑같아 보였습니다. 어떤 사람은 휴대전화를 확인하고, 어떤 사람은 열심히 듣고, 어떤 사람은 고개를 끄덕이고 있었습니다. 그가 무엇을 보리라 예상한 것에 대해 구체화한 다음, 실제로 일어난 것과 그의 예상을 비교해봄으로써 줄리의 신념에 대해 타당한 검증을 하게 해주었습니다. 그는 이 사례를 통해 두려움이 근거 없는 것이라 결론지었고 아마 다른 경우에도 그럴 거라고 판단하였습니다.

만약 당신이 사회 불안 때문에 노출을 하게 될 경우, 무슨 일이 일어날지가 두려운지, 그 일이 일어날지 아닌지를 어떻게 검증해 볼 것인지 명확하게 구체화해야 합니다. 상황이 어떻게 되었는지에 대해 우리는 직감에 의존하기가 쉽습니다. 만약 사회 불안을 많이 느끼는 편이라면, 우리의 직감은 우리가 일을 그르쳤다고 믿게끔 편향될 것입니다.

당신이 두려워하는 사회적 상황을 고려해보고, 그런 상황에 마주했을 때 무슨 일이 일어날까봐 두려운지를 생각해 보십시오. 당신의 예상들을 검증하기 위해 어떻게 노출을 설정할 수 있을까요?

....

....

....

....

....

....

안전 행동 내려놓기. "사회적 상황에서 제가 해야 한다고 생각했던 만큼 많이 해야 할 필요가 없다는 사실을 알게 되었어요." 줄리가 나에게 말했습니다. "친구들과 어울릴 때도 마찬가지로, 다음에 무엇을 말해야 할지 끊임없이 생각하곤 했어요. 대화가 어색하게 끊길까봐 매우 걱정했어요."

"그런 생각들 중 몇 가지를 내려놓으니 어땠나요?" 그에게 물었습니다.

"글쎄 저는 처음에 대화가 끼익 소리를 내며 멈추지 않는다는 것에 놀랐어요. 그렇게 오랫동안 해왔어요. 그저 저와 끔찍한 침묵들 사이에 유일하게 할 수 있는 일이라고만 생각을 했어요." 그는 잠시 말을 멈추었습니다. "이젠 정말 대화하고 있는 느낌이에요. 그전에는 아마 대화에 1/4만 참여하고 3/4은 제 머릿속에 있었기 때문에 다른 사람의 말을 제대로 듣지 못하고 있었어요. 제가 어떤 할 말이 있는지 생각하는 데만 너무 집중했던 거죠."

최근에 줄리의 친구 중 한 명이 그가 말을 잘 들어주기 때문에 대화하는 것이 정말 즐거워서 칭찬했다고 말했습니다. 줄리는 자신이 예상했던 것처럼 남들이 피하고 싶은 사회적으로 어색한 사람이 아니라 소중한 친구라는 사실을 깨닫기 시작했습니다.

줄리는 자신의 안전 행동(203-204쪽 참고)을 내려놓음으로써 자신이 더 자기다워질 수 있고 보다 더 다른 사람들을 위해 존재할 수 있다는 것을 깨달았습니다. 안전 행동 내려놓기는 사회불안장애에서 특히 중요합니다. 왜냐하면 안전행동은 실제로 우리의 사회적 능력을 악화시킬 수 있고, 그것 없이는 우리가 잘 할 수 없다고 믿게 만들기 때문입니다. 사회불안장애에 나타나는 안전 행동의 또 다른 예는 다음과 같습니다.

- 사람들이 악수하지 못하도록 주머니에 손을 넣고 있기
- 발표하기 전에 무엇을 말할지 과도하게 예행연습을 하기
- 자신에 대한 이야기를 피하기 위해 질문을 많이 하기
- 사회적 상황에서 진정하기 위해 알코올에 의존하기

만약 당신이 사회 불안으로 어려움을 겪고 있다면, 사회적 상황에서 자신이 어떤 안전 행동을 하는지 파악되나요? 이러한 행동들을 사용하면 어떠한 이점이 있다고 생각하시나요? 단점은 무엇일까요?

....

....

....

....

....

주의를 외부로 돌리기. 줄리가 노출을 준비하는 과정에서 우리는 사회적 상황에서 줄리의 관심이 어디에 있는지 이야기했습니다. "줄곧 제가 어떻게 하고 있는지 확인하고 있어요."라고 말했습니다. "제가 다른 사람에게 신경을 쓰고 있다면, 제가 그들을 불편하게 만들고 있는지 확인하려고 노력해요." 그는 웃으며 "그래서 우리가 서로 소개할 때 저는 사람들의 이름을 기억하지 못해요. 단지 이 사람들이 저를 이상하다고 생각하는지 아닌지 확인하려 할 뿐이에요."

우리가 그것을 더 의논하면서 줄리는 자기 자신에게 집중하는 것이 불안감을 증가시킬 뿐이고, 그것은 남의 시선을 더욱 의식하게 만들고 더 큰 불안감으로 이어진다는 점을 깨달았습니다. "대화 도중에 자기 자신에게 집중하는 일을 중단한다면 어떤 일이 일어날까요? 나는 그에게 물었습니다.

"모르겠어요." 그가 말했습니다. "더 잘 될지 몰라요. 하지만 제가 이상하게 행동해서 사람들이 어색하다고 느끼고, 저는 그것을 모를까봐 걱정이 되기도 해요." 그는 사회적인 상호작용을 할 때 자신에게 집중하는 걸 멈추는 실습을 하면서 어떤 일이 일어날지 지켜보기로 동의했습니다.

자기에게 집중하는 일은 안전 행동의 한 종류라고 간주될 수 있습니다. 다른 안전 행동과 마찬가지로 그런 행동은 우리에게 도움이 되지 않을 것이고 오히려 상황을 더 나쁘게 만들 것입니다.

당신이 불편한 사회적 상황에 있을 때, 당신은 다른 사람에게 주의를 기울이기보다는 얼마나 자신에게 기울이고 있나요? 또 자신이 어떤 인상을 주는지에 대해 얼마나 신경을 쓰고 있나요? 자신에게 집중하는 자신의 모습을 발견했다면, 그게 어떤 영향을 초래하는지 깨닫게 되었나요?

....

....

....

....

....

....

....

사회 불안에 대한 노출을 하는 동안 자신을 향한 집중과 다른 사람이 당신을 어떻게 생각하는지에 대한 집중에서 벗어나는 훈련을 하십시오. 당신이 어떻게 하고 있는지 감시하기보다는 당신과 대화하고 있는 사람과 그들이 말하는 것에 초점을 맞추도록 선택할 수 있습니다. 또는 대화, 발표, 당신이 하고 있는 어떤 것이든 그것에 집중하도록 선택할 수도 있습니다.

범불안장애(GAD)

지금까지 우리가 집중해 온 대부분의 두려움은 일어날 것 같지 않은 일들—예를 들어, 우리가 타고 있는 비행기가 추락할 것 같은—또는 여러 사람 앞에서 얼굴이 빨개지는 것과 같이, 우리가 생각하는 것만큼 나쁘지 않은 일에 대한 것입니다. 우리의 불안이 주로 걱정에 집중될 때, 우리가 가장 신경 쓰는 것들에 대한 통제력을 잃을까봐 두려워합니다.

예를 들어, 우리는 아이들의 안전, 부모님의 하직, 직업의 안정, 심각한 차 사고 등에 대해 걱정합니다. 그 어떤 것이든 엄청난 실망, 고통, 상실을 수반할 것입니다. 비록 범불안장애의 모든 기준을 충족시키지 못하더라도, 거의 대부분의 사람들은 통제할 수 없는 일들에 대하여 필요 이상으로 걱정합니다.

어떤 일에 대해 반복적으로 걱정하는 자신을 발견한 적이 있습니까? 그렇다면 최근에 걱정한 것들을 아래 칸에 나열해 보세요.

....

....

....

....

회피로서의 걱정. 걱정에 대한 노출 순위 목록을 만드는 일은 어렵습니다. 정의상 범불안장애의 불안은 특정한 상황이나 대상에 국한되지 않습니다. 게다가 공황장애나 특정 공포증과 같은 상황에서처럼 회피가 명백하지 않을 수도 있습니다. 그럼에도 불구하고, 범불안장애의 일부인 걱정과 인지적 회피—즉, 어떤 두려움을 마음속에서 밀어내려는 노력—에 도움을 줄 수 있는 노출의 형태가 있습니다.

걱정하는 행동 그 자체가 일어날 수 있는 정말 무서운 일을 생각하지 않기 위한 시도(대개 의도치 않는)일 수 있습니다. 예를 들어, 우리가 직업을 잃고 노숙자가 되는 것을 두려워한다면, 우리의 마음은 정시에 출근하는 것과 같이 우리가 더 통제할 수 있는 것에 대한 걱정에 매달릴지도 모릅니다. 만약 우리가 노부모를 잃은 것을 두려워한다면, 부모님이 약을 확실히 복용하시도록 하는 일에 걱정을 집중할지도 모릅니다. 그 과정에서 우리의 마음은 노숙자가 되는 것, 부모님의 장례를 치르는 것, 그리고 다른 무서운 전망들에 대한 무서운 이미지를 밀어내기 위해 최선을 다하고 있습니다.

마음속에서 그것들을 밀어내는 행동이 가지는 문제는 그것들이 더 자주 되돌아오는 경향이 있다는 것입니다. 다니엘 웨그너Daniel Wegner와 동료 연구자들에 의한 고전적 연구에서, 참가자들은 5분 동안 흰곰을 생각하지 말라고 당부받았습니다. 물론, 그들은 그것에 대해 생각하지 않으려고 애를 쓸수록 더 자주 흰곰을 생각했습니다.

우리가 두려워하는 것들을 받아들이기. 우리가 두려워하는 것으로부터 달아날 때, 두려워하는 것이 실제보다 더 나쁘게 보이게 될 수 있습니다. 걱정과 마주함으로써 걱정을 덜 위협적으로 만들어주는 방법들이 있습니다. 따라서 두려움에 대한 생각을 피하기 위한 해결책은 그것에 대해서 의도적으로 생각하는 것입니다. 우리가 나쁜 일에 대하여 걱정했을 때, 우리가 두려워하는 것이 일어날 가능성에 대해 자신을 정신적으로 노출시키는 훈련을 할 수 있습니다.

예를 들어, 내가 아파서 학수고대했던 가족 여행을 못 갈 수도 있을 것이라 걱정한다면, 손 씻기, 충분한 수면 취하기, 아픈 사람들을 피하기 등 아프지 않게 되기 위해 할 수 있는 모든 것을 생각할지도 모릅니다. 이보다 더욱 일상적인 문제를 걱정함으로써, 내가 여행을 못 갈 수 있다는 생각을 밀어낼 수 있습니다.

최선의 노력에도 불구하고, 여행을 반드시 갈 수 있음을 확신할 수 있는 방법은 없습니다. 그 결과, 내 마음은 여행이 다가옴에 따라 계속해서 "아프면 어쩌지?"라고 물을 것입니다. 이 경우, 내가 두려워하는 일이 일어날 수 있다는 가능성을 받아들이는 훈련을 할 수 있습니다. "나는 아파서 여행을 못 갈 수도 있고 특별한 기회에 가족과 함께 있지 못해 정말 슬퍼질 수도 있어."라고 자신에게 말할 수 있습니다.

아마도 두려워하는 일이 일어날 수 있다고 자신에게 말함으로써 초기에는 불안이 증가함을 경험할 것입니다. 그러나 우리가 계속해서 걱정에 대한 반응과 수용을 훈련한다면 그러한 불안은 연속성을 잃고 우리를 그토록 괴롭히지는 않을 것입니다.

당신이 통제하기 어려운 걱정을 하는 편이라면, 당신이 두려워하는 것을 포함하는 불확실성들을 받아들이는 데 도움이 될 표현에는 어떤 것들이 있을까요?

....

....

....

....

....

....

상상 속의 미래에 살기. 우리가 일어날 수 있는 일들에 대해 걱정할 때 — 건강을 잃거나 사랑하는 사람을 잃는 것처럼 — 우리는 이러한 사건들이 실제로 일어난 것처럼 느낄 수 있습니다. 그렇게 함으로써, 우리는 힘든 사건들이 일어나기도 전에 여러 번 고통을 받고 있습니다.

예를 들어, 우리가 혼자서 외롭게 양로원에 갇혀 지낸다는 이미지에 머무르게 되면, 우리는 결코 일어나지 않을 무언가에 대해 기분이 안 좋은 채로 많은 시간을 보내게 될 것입니다.

당신은 최근에 이미 일어난 것마냥 느꼈던 것에 대해 많이 걱정을 한 적이 있습니까? 그렇다면, 아래 칸에 자세히 적어보세요.

....

....

....

....

....

나는 우리가 걱정하는 것이 현실로 나타나고 계속될 수 있다는 가능성을 받아들이는 것을 좋아합니다. 이런 방법으로, 우리의 걱정으로부터 달아나지도 않고, 걱정할 시간을 더 가지지도 않습니다.

당신이 걱정에 사로잡힐 때, 두려워하는 일이 발생할 수 있다는 것을 인정하는 훈련을 하십시오. 그런 다음, 당신이 하고 있는 어떤 것이든 그것으로 주의를 돌리십시오. 당신이 보는 것, 듣는 것, 냄새 맡는 것, 느끼는 것, 맛보는 것 등 감각적인 경험에 집중하는 것은 도움이 될 수 있습니다.

현재로 돌아오는 것의 요점은 우리의 두려움을 피하는 것이 아니라, 우리 삶의 실재하는 것에 더 완전히 관여하는 것이라는 것을 명심하십시오.

당신만의 순위 목록을 만들기

이제 당신만의 노출 순위 목록을 준비할 때입니다. 원한다면, 항목들을 난이도별로 쉽게 정렬할 수 있도록 스프레드시트에 순위 목록을 만들 수 있습니다. 종이와 펜을 사용하길 원한다면, 다음 쪽에 있는 양식을 작성하십시오.

순위 목록의 일부가 될 항목을 만들기 위해 이 장에서 노트하셨던 것들을 검토하십시오. 이번에 모든 것을 다 할 수 없다는 것을 명심하십시오. 당신이 작업을 해냄에 따라, 더 어려운 것들을 할 만하다고 느끼기 시작할 것입니다.

불안 척도의 경우 다음의 지침을 사용하십시오. 수치는 중요하지 않다는 점에 유의하십시오. 이 숫자는 활동의 난이도에 대해 순위를 매긴 것뿐입니다.

0 = 어려움이 없음
5 = 어렵지만 관리할 수 있음
10 = 지금까지 느껴본 것 중 가장 괴로움

순위 목록의 양식에는 노출을 성공적으로 수행하기 위한 주의사항이 포함되어 있습니다. 하단에 공간이 있으므로 자신이 포함하고 싶은 다른 주의사항을 추가할 수 있습니다. 예를 들어, 당신의 두려움보다 더 중요한 무언가를 상기시키는 것을 포함할 수도 있습니다.

노출 순위 목록

활동	괴로운 정도(0-10)

주의사항:

- 불안과 마주할 때 불안은 가라앉습니다.
- 당신의 순위 목록을 점진적이고 체계적으로 진행하십시오.
- 불편함을 견뎌내십시오.
- 불필요한 소품과 안전 행동을 제거하십시오.
- 불편함과 불확실성을 받아들이십시오.
- _____
- _____
- _____

완수할 항목들 계획하기

당신의 노출 순위 목록을 검토하십시오. 어디서 출발하는 것이 좋을까요? 어렵긴 하지만 할 수 있는 활동부터 시작하도록 계획하십시오. 성공하도록 계획을 짜고 싶을테니 당신이 할 수 있다고 자신하는 활동을 선택하십시오. 그와 동시에 1, 2로 순위를 매긴 항목들이 있다면 당신은 시간을 최대한 아낄 수 있게 조금 더 어려운 것을 선택하고 싶을지도 모릅니다. 쉬운 것에서부터 어려운 순서로 활동을 정렬하고 싶다면, 노출 순위 목록 양식의 빈 칸에 당신의 활동을 재정리하십시오.

이번 주에 완수할 수 있다고 생각하는 활동 중 2~3가지를 선택하고, 아래 칸에 적어보십시오.

활동 1:

....

활동 2:

....

활동 3:

....

완수하려는 활동이 어떤 것이든 각 활동을 시행할 시간을 정하고 당신의 일정에 추가하십시오.

만약 당신이 두려워하는 활동을 완수할 계획을 세웠다면, 이것은 당신의 두려움을 정복하게 될 중요한 날입니다.

당신은 자기 주도적 치료의 6가지 방법을 통해 작업을 막 끝냈습니다. 모든 작업을 해낸 것을 축하드립니다. 다음 주에는 모든 내용을 정리하면서 당신이 해온 것들을 복습해 볼 것입니다. 당신이 다루었던 분야, 진행해온 과정, 아직도 해야 할 일 등을 점검할 기회가 주어질 것입니다.

우선 이 프로그램의 6주차에 들어와서 당신의 기분이 어떤지를 잠시 생각해 보십시오. 두려움에 직면하는 작업을 하고 있는 이 장에서 눈에 띄는 것은 어떤 것입니까? 아래 칸에 당신의 생각과 느낌을 적어보십시오.

....

....

....

....

....

....

....

....

....

활동 계획

1. 「일상으로 돌아가기」 목록에서 예정되었던 활동들을 완수하십시오.
2. 「매일의 활동」 양식을 사용하여 3일 동안 활동을 관찰해 보십시오.
3. 특히 부정적인 감정이 솟아오를 때 당신의 생각을 인식하고, 필요에 따라 「당신의 생각에 도전하기」 양식을 완성하십시오.
4. 5주차 과업을 완수하십시오.
5. 계획했던 시간에 당신의 노출 순위 목록에서 처음 몇 가지 항목들을 완수하십시오.
6. 7주차 여정을 완수할 시간을 계획하십시오.

통합하기

이제 우리는 이 책에 포함된 모든 주제들을 다루었습니다. 우리는 이 모든 내용을 통합하기 위하여 이번 장의 대부분을 할애할 것입니다. 또한 7주간의 프로그램을 마무리하면서 앞으로 나아갈 계획을 논의할 것입니다.

지난 주 우리는 두려움을 다스리기 위한 방법에 초점을 두었고, 그것들을 마주하기 위해 계획에 따라 점진적으로 작업하였습니다. 우리가 모든 내용을 어떻게 잘 통합할 것인가를 이야기하기 전에, 당신이 그 과정을 시작하였을 때 어떻게 진행되었는지를 검토해 봅시다.

지난 한 주 동안, 두려움에 직면하기 위해 노력했다면, 잠시 시간을 내어 어떻게 진행되었는지를 생각해 봅시다. 노출에서 잘 되었던 것은 어떤 것들인가요? 어느 부분에서 힘들었나요?

....

....

....

계획된 노출을 완수하는 데 어려움을 겪었다면, 용기를 내십시오. 많은 사람들이 처음에는 어려움을 겪지만, 대다수는 계속해서 잘 해나갑니다. 노출을 효과적으로 만드는 원리를 검토하고, 더욱 접근하기 쉬운 출발점을 선택하십시오. 어떤 것이 두려움을 마주하도록 강요했는지 당신은 스스로 다시 생각해볼 수도 있습니다. 다른 한편으로, 그런 어려움을 가치 있게 만드는 것은 무엇인가요?

....

....

....

....

지난 주 활동 계획에는 3일 동안의 활동을 검토하는 것도 포함되어 있었습니다. 이번 주를 위한「매일의 활동」양식을 살펴보십시오. 1~2주차에 완수한「매일의 활동」양식들과 비교해 보십시오. 전반적인 활동 수준에 차이점이 있습니까? '즐거움'과 '중요성'도 체크해 보십시오. 어떠한 변화가 있나요? 관찰한 것을 아래 칸에 적어보세요.

....

....

....

....

필요시 2주차를 복습하면서, 목록의 활동들을 계속해 나가십시오.

지난 4주 동안 당신은 마음의 소리에 주의를 기울여왔습니다. 이 접근 방식에서 도움이 된 것은 무엇인가요?

....

....

....

지난 일주일 동안 여러분은 특별히 주의 깊게 살펴봐야 할 생각들을 발견하였나요? 그렇다면 그러한 생각들과 그것들에 의문을 제기해가는 과정을 아래 칸에 묘사해보십시오.

....

....

....

문제가 있는 생각 패턴을 인지하고 해결하는 데 계속 어려움을 느끼시나요? 그렇다면 아래 칸에 묘사해보세요.

....

....

....

발생하는 문제를 다루고 그런 작업을 강화하기 위해 필요시 3, 4주차 과정들을 다시 살펴보십시오.

지난 한 주 동안 예정된 과업을 완수하는 작업은 어떻게 진행되었나요?

....

....

....

....

당신이 작업을 완수하는 데 어려움을 계속해서 겪었다면, 어떤 것이 방해가 되었나요?

....

....

....

....

이 부분에서 계속되는 어려움을 해결하기 위해, 필요하다면 5주차의 내용을 다시 살펴보십시오. 특히 당신이 과업을 수행하는 데 어려움이 있을 경우에는 계획을 더 면밀하게 따르도록 하세요.

지난 여정을 돌이켜보기

"처음 이곳에 왔을 때 내가 미쳐간다고 생각했습니다. 모든 것이 무너지는 것 같았고, 내가 물에 빠진 것 같은 느낌이 들었습니다." 존은 이제 막 치료의 급박한 부분을 마쳤으며, 우리는 모임을 3주에 한 번으로 줄이도록 함께 결정했습니다. 지난 여정을 돌이켜보며 우리는 지금까지 그에게 어떤 치료가 진행되었는지를 살펴보았습니다.

존이 처음 치료방식을 의논하기 위해 나를 찾아왔을 때, 그의 이름을 알아봤지만 누구인지 생각나지는 않았습니다. 얼마 후에 나는 그의 이름이 적힌 일군의 배관작업 트럭들이 교외에 오가는 모습을 본 적이 있음을 깨달았습니다. 존은 자신의 가족뿐만 아니라 직원의 가족들까지도 책임지고 있다는 것을 인지하면서, 자신의 사업이 커짐에 따라 불안감도 커졌습니다.

그는 주요 배관작업 중 회사가 책임져야 하는 재해 관련 전화가 올까봐 두려워하면서 매일 업무용 음성 메일에 귀를 기울였습니다. 그는 점점 더 많은 시간을 직장에서 보냈는데, 그중 많은 시간을 걱정하는 데 쓰느라 실제로 생산적이지 못하였습니다. 그는 집에서 떨어져 지냈고, 자신이 원하는 만큼 아버지로서 남편으로서 가족과 같이 보내지 못해 마음이 아팠습니다. 그가 집에 있을 때에도 일에 대해 걱정하고 계속 고민하느라 마음은 집을 떠나 있었습니다. 초등학교 때부터 알고 지내던 친한 친구들과 시간을 보내는 것을 그만두고, 취미로 했던 운동과 독서를 포기하였습니다. 첫 번째 회기 동안 그는 "대부분의 시간을 일하고, 일에 대해 걱정하고 일에 대한 죄책감을 느끼며 보냅니다."라고 말했습니다.

존의 인생의 청사진을 토대로 해볼 때 그의 목표는 다음과 같았습니다:

- 직장 생활과 가정 생활 사이에 균형을 찾자.
- 내가 통제할 수 없는 것에 대해 걱정을 줄이자.
- 직장에서 더욱 생산적이 되자.
- 나에게 즐거움을 줄 수 있는 시간을 찾아보자.

7주간의 이 프로그램을 시작할 때 당신은 인생의 여러 부분에서 일들이 어떻게 진행되고 있는지 목록을 작성했습니다. 그 목록을 바탕으로, 작업하기 위한 구체적인 목표를 만들었습니다. 당신의 목표를 적은 목록을 돌이켜보시기 바랍니다. 각각의 목표에 대해 당신이 이루어낸 진전들을 생각해보고 느낀 점을 아래 칸에 적어보세요.

....

....

....

....

....

....

....

....

이 장의 후반부에서 당신의 목표를 향해 계속 나가는 방법에 대해 논의할 것입니다.

> 존과 나는 그의 상황을 이해하기 위하여 CBT의 틀을 활용했습니다. 치료 초반에는 그의 생각, 감정, 행동 들이 자기반복적으로 순환하며 그에게 부정적으로 작용하고 있었습니다.

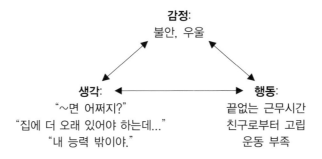

존의 불안과 우울이 그의 행동(스스로 고립, 운동 부족 등)으로 이어졌고, 이는 결국 그의 증상을 악화시켰습니다. 생각과 행동이 서로를 강화하듯이, 그의 생각과 증상도 서로를 강화시킵니다.

우리는 행동 활성화로 시작하였습니다. 삶에서 얻게 되는 보상의 부족, 사회적 고립, 악화되는 우울감을 해결하기 위한 활동을 찾는 것입니다.

그 후 우리는 몇 번의 회기를 통해 그의 생각을 살펴보았습니다. 그의 생각들이 어떻게 도움이 되지 않았는지뿐만 아니라, 때로는 사실이 아닌지에 대해서 말입니다. 예를 들어, 그가 느끼에 스트레스를 받은 적이 없는, 성공한 전기기술자인 아버지를 상대로 자신을 비판적으로 비교하였습니다. 존은 아버지가 경제적인 지원을 훨씬 적게 받았고, 생활비가 훨씬 적게 들었던 때에 일하셨다는 것을 깨달았습니다. 존은 또한 그의 아이들이 자신의 스트레스를 알지 못하듯이, 그가 어렸을 때 생각한 것보다 더 많은 스트레스를 아버지가 느꼈을 것이란 걸 깨달았습니다.

후반 회기들은 시간과 과업 관리에 초점을 맞추었고, 특히 가족이나 친구들과 함께하기처럼 그가 관심 가지는 일들에 최대한 많은 시간을 할애하여 시간을 생산적으로 사용할 수 있도록 돕는 작업을 하였습니다. 마지막으로, 자신이 가졌던 두려움에 마주하는 실습을 하였고, 특히 직장에서 매우 잘못된 일이 일어나거나 가족이 경제적 파탄에 처하는 상황에 대한 두려움에 마주하도록 하였습니다.

"가장 큰 변화는 제가 좋아하는 일로 돌아간 것이라고 생각해요." 존이 말했습니다. "생각을 바꿀 수 있었고 일도 더 효율적으로 할 수 있었을 것 같습니다. 하지만 인생을 즐기고 있지 않다면 '무슨 의미가 있을까?' 하는 느낌이 드네요."

존은 생각을 바로잡음으로써 자신이 즐기는 활동에 대한 방해물을 제거했음을 발견하였습니다. "'회사 일이 뭔가 잘못됐을 때 내가 그 자리에 없으면 후회하게 될 거야.'라고 자신에게 말하곤 했어요. 그러나 누군가의 파이프가 터지기를 기다리며 평생을 살 수 없다는 것을 깨달았어요. 만약 내가 인생에서의 시간을 즐기지 않는다면 그것이 진짜 후회가 될 거예요."

이 프로그램을 시작했을 때와 그 후 당신이 작업해왔던 것들을 돌이켜 생각해 보면서 이제 CBT 모델로 돌아가서 각각의 조각들이 어떻게 맞춰질지 살펴봅시다.

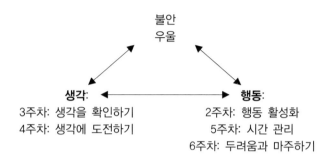

프로그램의 각 부분에 대한 당신의 경험을 떠올려보세요. 그 다음, 어떤 부분이 가장 도움이 되었는지를 생각해 보십시오. 어떤 부분이 가장 잘 되었다고 느끼십니까? 당신이 느낀 점을 적어보십시오.

....

....

....

....

....

저는 존에게 지난 몇 주 동안 어떤 것이 바뀌었는지 물어봤습니다. 그는 이야기했습니다. "지난주에 우리 집 사무실에 있었는데 네 살짜리 딸이 들어왔어요. 아이는 테이프 같은 것을 찾고 있었는데 제가 그곳에 있다는 것을 눈치채지 못했어요. 딸이 저를 보았을 때, 저는 딸아이의 눈에서 두려움이 있는 것을 보았고 딸아이는 방에서 물러서기 시작했어요. 딸은 제가 일할 때 긴장하고 짜증내는 것에 익숙해져 있어서 제가 웃었을 때 놀랐을 거예요."

"제가 미소짓자 딸아이는 실제로 달려와 저를 안아주었어요. 저는 딸을 안아올리고 몇 분 동안 이야기를 나누었는데 제가 기억하는 한, 모든 것을 흐릿하게 만드는 두려움과 걱정없이 처음으로 딸아이를 실제로 보고 딸아이의 얘기를 듣고 있는 것 같은 느낌이 들었어요. 그 뒤 딸아이는 깡충깡충 뛰며 '안녕, 이뻐'라고 말하고는 다시 놀러 돌아갔어요."

존의 목소리는 떨렸고, 그의 눈에는 눈물이 가득했습니다. "그 후에 저는 울음을 참을 수가 없었어요. 그저 '아이들에게 사랑을 보여줄 수 있는 것보다 더 중요한 것이 무엇이 있을까?'하는 생각뿐이었어요. 저는 이전부터 짐으로 느꼈던 부분이 가벼워지는 것을 느꼈습니다. 이제 모든 일을 너무 심각하게 여기지 않고 있어요. 그리고 제가 하는 일을 더 잘 해내고 있다는 생각이 들어요."

지난 6주간을 돌이켜 생각해 보십시오. 당신이 올바른 방향으로 가고 있다고 느껴지는 눈에 띨만한 일들이 있습니까? 직장에서나 가족들 또는 친구들과 함께 있었던 일일 수도 있습니다. 커다란 발전일 수도 있고 알아차리기 힘든 미묘한 것일 수도 있습니다.

그러한 일에 대해 아래 칸에 적어보십시오. 이 일에 대해 생각하면 어떠한 느낌이 드나요?

....

....

....

....

....

존이 잘 해냈던 일에 대해 이야기를 해나가면서, 그가 지켜봐 온 성과는 단순하게 일어난 것이 아니라 그의 생각과 행동에서 만들어진 차이에서 비롯되었다는 점을 저는 지적하였습니다. 그 생각을 염두에 두고, 저는 기분이 나아지기 위해 구체적으로 어떤 일을 했는지를 존에게 물었습니다. 우리는 함께 다음의 목록들을 도출했습니다:

- 친구들과 더 많은 시간을 보내기
- 직원들을 믿고 직장에서 고삐를 풀어두는 것(어려움)
- 규칙적으로 운동하기
- 가족들과 있을 때는 가족에게 집중하기
- 내 생각을 돌아보기

어떤 사람들은 자신들이 힘들어하는 주제나 필요에 따라서 CBT 프로그램의 다른 부분들이 더 도움이 된다고 생각할 수 있습니다. 당신이 만들어낸 긍정적인 변화에 대해 생각해 볼 때, 어떠한 것들이 가장 도움이 되었나요?

....

....

....

....

존은 계속 힘들어했던 부분에 대해서도 언급했습니다. 회사에서 어떤 상황이 발생할 때마다 다시 걱정에 빠지지 않기가 어려웠습니다. 그는 운동을 빼먹기도 쉽다는 것을 깨달았습니다. 존이 모든 부분에서 자신이 원하는 지점에 정확히 있지는 않았지만, 목표를 향해 계속 나아가기 위해 새로운 도구를 사용할 수 있다는 자신감을 느꼈습니다.

CBT 프로그램을 바탕으로 아무리 많은 작업을 해도, 우리 목표를 완벽하게 달성하거나 "작업이 끝났다."라고 느끼는 사람은 아무도 없습니다. 어떤 부분에서 계속 변화를 만들어가고 싶습니까?

....

....

....

....

지난 6주 동안의 도구들 중에서 이러한 부분에 도움이 될 만한 것은 어떤 것입니까?

....

....

....

앞을 내다보기

"지난 몇 달 동안 제가 했던 모든 작업이 끝난 후에도 여전히 불안과 걱정의 물결이 밀려옵니다."라고 존이 말했습니다. "그러나 이전보다는 더 감당할 수 있다고는 느낍니다. 불안감을 관리하는 방법을 이제는 알기 때문에, 덜 불안하게 느끼는 것 같습니다."

존이 도움이 되었다고 생각한 것을 바탕으로, 존과 저는 그가 이뤄낸 성과를 지속하기 위한 계획을 같이 세웠습니다. 그는 자신의 기분을 나아지게 한 다섯 가지 주요 요인들을 파악하고 그것들을 웰빙 건강wellness 계획으

로 구성하였습니다. 그는 다섯 가지 요소들을 오각형으로 배열하기로 결정하였고, 그 계획은 다음과 같습니다:

존은 각각의 계획에 대해 그것을 상기시켜주는 것들의 목록을 작성하였습니다. 예를 들어 "가족과 보내기" 밑에 다음을 포함시켰습니다:

- 휴대전화를 자주 확인하지 않기
- 대화 상대에 집중하기
- 불필요하게 일 생각으로 헤맬 때는 생각을 전환하기
- 업무상의 문제들이 방해하지 않도록 신경 쓰기

존은 특히 자신이 힘들다고 생각될 때 참고하기 위해 이 계획표의 사본을 보관하였습니다.

당신에게 효과가 있는 것들을 간추리기

우리 모두는 자신이 하고자 하는 일들을 상기할 필요가 있습니다. 당신이 만들어낸 가장 도움이 되는 변화들을 다시 생각해 보십시오. 좋은 기분을 유지하고 미래에 발생할 수 있는 어려움을 해결하기 위해 명심해야할 일은 무엇입니까? 아래 칸을 사용하여 자신의 계획을 요약해봅시다(칸이 더 필요한 경우, 이 책 끝에 있는 「개인용 노트」를 사용하십시오).

당신의 생각을 정리하는 방식에 대해 마음껏 창의력을 발휘하십시오. 중요한 점은 그 방식이 당신과 공명하는 것입니다.

....

....

....

....

좋은 기분을 유지해주는 활동들을 우리가 놓치기 너무 쉽다는 것에 깜짝 놀랄 때가 있습니다. 예를 들어, 내가 신경을 쓰지 않는다면 운동하는 것에 쉽게 실패할 수 있습니다. 삶의 변화들은 친구가 이사가거나 중요한 지지 기반들을 잃게 될 때처럼 처음에는 우리가 인지하기 어려운 방식으로 우리의 안녕에 영향을 미칠 수도 있습니다.

우리의 기분이 가라앉거나 불안감이 고조되는 것을 깨달았을 때, 자신을 위해 준비된 계획을 참고할 수 있습니다. 다양한 요소들을 살펴봄으로써, 최고의 기분을 다시 느끼기 위해 우리가 집중할 필요가 있는 요소들을 파악할 수 있습니다. 적어도 매주마다, 그리고 기분이 좋아지도록 도움을 주는 것들을 상기시키는 게 필요할 때마다, 당신이 간추린 요약으로 돌아가도록 계획하십시오.

미래의 도전들과 마주하기

우리의 회기가 끝나갈 무렵, 저는 존에게 다음의 중요한 질문을 했습니다: 만약 그가 주의하지 않는다면, 중요한 차질을 빚는 어떤 일이 일어날 수 있을까요? 그는 즉시 대답했습니다. "만약 제가 가장 아끼는 사람 중 한 사람이 이직하기로 결정하면… 지난번에 그런 일이 일어났을 때 저는 몇 주 동안 만신창이었어요. 저는 그의 자리를 대신할 사람을 찾는 동안 제가 그 빈 자리를 메워야 했고, 집에서도 중압감이 들었어요. 그 일은 생각만 해도 저를 불안하게 만듭니다. 누군가를 찾지 못하거나, 일을 못 하는 사람을 고용한다면? 알지 못하는 것들이 너무 많아요."

저는 존에게 이전에는 없었으나 지금은 어떠한 도구를 가지고 있는지 물었습니다. "글쎄요, 이제 저의 불안감을 다룰 수 있다는 사실을 알았고, 그것은 완전히 판도를 바꾸는 도구예요. 저는 불확실성을 받아들이고, 제가 통제할 수 있는 것에 집중하라고 스스로 상기할 수 있어요. 왜냐하면 결국에는 잘 될 것이라는 사실을 알고 있으니까요." 그는 조금 밝아졌습니다. "사실 제가 배웠던 것을 확인해 볼 아주 좋은 시험이라 생각해요."

존이 한 것처럼, 당신의 삶을 후퇴시켰을 수도 있는 인생의 어떤 사건을 떠올려 보십시오. 당신이 대비해야 할 다시 일어날 가능성이 있거나 피할 수 없는 일들이 있습니까? 그러한 도전들을 마주하는 데 도움을 주는 도구는 무엇입니까?

....

....

....

....

마음챙김

안녕하게 잘 지내는 데 가장 도움이 되는 도구 중 하나는 현재에 주의를 집중하고, 우리의 경험 그대로에 열린 마음을 가지도록 연습하는 것입니다. 사실 이러한 접근법은 이 책 전반에 걸쳐 내포되어 있습니다. 예를 들어, 불확실성을 감내하면서 우리 자신과 분투와 모든 것을 받아들이는 것을 배우는 실습 속에서 말입니다. 심지어 내 생각이 절대적인 사실이 아님을 인식하는 것도 실습의 일부입니다.

마음챙김의 개념은 삶에 대해 현재가 초점이 되는 비심판적인 접근법입니다. 2011년 『임상심리학 리뷰Clinical Psychology Review』의 한 논문에서 마음챙김 훈련은 재발하는 우울증을 가진 사람에게 CBT 작업 이후의 재발을 막아주는 강력한 예방법이라 결론지었습니다.

예를 들어, 마Ma와 티스데일Teasdale의 2004년 연구는 마음챙김에 기반한 CBT 치료를 받은 사람이 다른 종류의 치료를 받은 사람과의 비교에서 재발률이 50% 이상 낮다는 사실을 발견했습니다. 마음챙김에 대한 깊이 있는 논의는 이 책의 범위에서 벗어나지만, 마음챙김이 당신에게 도움이 될 수 있을지는 고려해 볼만 합니다. 책의 후반부(245쪽)에 당신이 시작할 수 있도록 마음챙김에 대한 자료들을 실었습니다.

추가 목표

몇 주 동안 치료를 받은 후, 존은 전에는 생각하지 못했으나 작업하고 싶은 삶의 영역이 있다는 것을 깨달았습니다. 예를 들어, 그는 아내와 가까운 미래에 대해 이야기하는 것에 어느 정도 거리감을 느꼈습니다. 그는 또한 수면이 너무 오랫동안 안 좋았으나 알아차리지 못했던 것을 발견했습니다. 그는 이러한 문제들을 치료작업에서 논의하고, CBT 도구들을 통해 다루기로 결정했습니다.

때때로 우리가 CBT 기법을 배운 후에는 그것을 적용할 수 있는 우리 삶의 다른 부분들이 보이기 시작합니다. 최악의 불안과 우울을 해소하는 일은 다른 작업을 할 수 있는 공간을 만들 수 있습니다. 예를 들어, 우리는 사회생활, 정신력, 대인관계, 물질 사용, 수면, 또는 그 밖의 다른 것들과 관련된 문제들을 다루기로 결정할 수도 있습니다.

이 프로그램을 시작한 이후로 다른 목표가 떠오른 적이 있나요? 그렇다면, 아래에 적어보세요. 그렇지 않다면, 원래 목표에 계속 집중하십시오.

....

....

....

....

작별 인사

(아마도) 만나본 적 없는 분에게 작별인사를 하려니 이상한 기분이 들지만 그럼에도 작별인사를 하지 않고 끝내고 싶지는 않습니다. 우리는 이 책의 페이지들을 함께 여행하였습니다. 저는 글을 쓰면서, 당신은 작업을 하면서 말입니다. 이제 우리가 헤어지면서, 저는 당신과 작업할 수 있는 기회를 주셔서 감사하다고 전하고 싶습니다. 저의 소망은 당신의 우울감이나 불안감이 더욱 감당할만하다 느끼고, 당신의 장점, 사랑하는 사람들, 당신의 경험에 더욱 친숙해졌음을 느끼게 되는 것입니다.

또한 당신이 여전히 약간의 어려움이 있다고 예상되는 일에 대해 용기를 드리고 싶습니다. 모든 불안을 없애주거나 삶의 우여곡절을 없애주는 책은 존재하지 않고, 그럴 방법 또한 없습니다. 이런 맥락에서 저는 종종 헤르만 헤세의 소설『나르치스와 골드문트』에 나오는 말을 떠올립니다. 등장인물 중 한 명은 말합니다: "우리 안에 계속해서 살아 있으면서 우리를 결코 떠나지 않는 [평화란 없다. 우리 삶에서 새로운 날마다 거듭해서 쟁취해야 할 평화만이 있을 뿐이다."

당신에게 효과가 있는 것을 찾고 자신의 치료사가 되는 법을 배움으로써 당신이 필요할 때마다 그러한 평화를 찾을 수 있습니다.

당신은 7주간의 이 프로그램을 끝마쳤습니다. 당신은 틀림없이 목표를 향해 많은 작업을 해왔습니다. 당신이 했던 작업과 이뤄낸 성과로 인해 좋은 기분을 느끼시기를 바랍니다. 우리의 생각과 행동을 바꾸는 일은 열심히 작업해야 할 일입니다.

잠시 시간을 내어 당신이 어떻게 작업해왔는지를 확인해보십시오. 지난 몇 주 동안을 곰곰이 생각해보며 느낀 것은 무엇인가요? 앞으로 몇 주, 몇 달을 내다보며 당신에게 떠오르는 생각은 무엇인가요?

....

....

....

....

....

....

....

....

....

....

....

....

활동 계획

1. 두려움에 마주하는 훈련을 하고 있다면 두려움 순위 목록의 일들을 계속 작업하십시오.
2. 도움이 된다고 생각되는 다른 기법을 계속 훈련하십시오.
3. 필요에 따라 관련된 챕터로 돌아가십시오.
4. 추가적인 도구는 이 책의 뒷면에 있는 「자원」 섹션을 참고하십시오.

배운 것을 활용해도 여전히 어려움을 겪는다면, 어떻게 해야 할까

몇 년 전 제가 스포츠 관련 부상으로 물리치료(PT)를 받고 있을 때, 저는 PT와 CBT 사이에 유사점이 많다는 점에 깜짝 놀랐습니다. CBT처럼 PT는 힘든 작업이고, 더 좋은 곳에 다다르기 위해서는 불편함을 겪고 이겨 내야 합니다. CBT가 건강과 기능을 되찾기 위해 하는 것과 마찬가지로 PT도 구조화된 계획을 제공하며, 회기 사이의 작업은 신체를 위한 치료와 정신을 위한 치료 둘 다에서 동등하게 중요합니다.

두 치료법은 치료 과정 동안에 치료가 필요한 문제들이 완벽히 해결되는 경우가 드물다는 점에서도 유사합니다. 대신에, 우리가 하고 있는 훈련이 효과가 있음을 그러한 과정을 통해 깨닫게 됩니다. 만약 우리가 올바른 방향으로 나아가고 있다면 아마도 적합한 연습을 훈련하고 있을 것입니다. PT 과정이 끝난 후 우리의 건강을 지켜줄 핵심 운동 세트를 계속함으로써 재부상을 피합니다.

지금 이 프로그램이 막 끝났으니, 그 다음 7주는 긍정적인 방향으로 계속 나아가야 할 중요한 시간입니다. 프로그램을 진행하는 동안 상당한 진전을 이루었다면 유지 단계로 이동하면서 몇 개의 보다 집중적인 CBT 작업으로 축소시킬 수도 있습니다. 예를 들어, 당신은 활동을 계획하거나 생각들을 관찰하는 데 그렇게 엄격할 필요가 없을 수도 있습니다.

그와 동시에, 당신이 얻어낸 토대를 잃게 만들 수 있는 감지하기 어려운 것들에 주의하십시오. 특히 회피는 중독성이 강하므로 그것을 막는 일에 주의를 기울이십시오. 그리고 사람들이 이런 과정들이 쉽게 망가진다고 느끼기를 바라지는 않지만, 미끄러질 수 있는 조짐들을 경계하는 것이 중요하고 필요할 때에 당신이 가지고 있는 도구를 사용할 수 있어야 합니다. 다음 7주가 지나도 확신이 들지 않을 때는 당신에게 더 좋은 효과가 있는 실습들을 지나치다 싶을 정도로 고수해보십시오. 편안함을 느끼기 위해 해야 할 것을 요약해놓은 당신의 계획을 참고하는 일을 기억하십시오.

전문가와 상담할 때

이 프로그램이 당신에게 도움이 되었다고 느껴지지 않는다면—혹은 당신의 어려움이 해결될 것 같이 보이지 않거나, 실제로 이 프로그램에 참여하지 못할 것 같다면—전문적인 도움을 구하는 것이 좋을 것입니다. 많은 사람들이 치료자의 지도 없이도 이러한 책을 사용함으로써 도움을 얻을 수 있지만, 어떤 사람들은 더 높은 수준의 치료가 필요합니다.

이 책의 뒷부분에 있는 「자원」 섹션에는 당신에게 가장 가까운 CBT 치료사를 찾을 수 있는 웹사이트가 있습니다. 당신의 1차 진료의에게 추천을 받을 수도 있습니다. 치료사와 좋은 작업 관계를 가지고 있다고 느끼는 것이 필수적이므로, 당신에게 잘 맞는 치료사를 찾는 것을 목표로 하십시오.

이 프로그램의 끝에서 당신 자신이 어디에 있든지 저는 당신이 원하는 삶을 향해 계속 밀고 나아가기를 응원합니다. 저는 당신의 여정에 좋은 일만 있기를 기원합니다.

온라인 자원들

다음의 온라인 자원들을 활용하여 여러분의 배움을 증진시키고, 전문적인 도움을 발견하며, 더욱 깊이 있는 치료와 기법으로 들어가보시기 바랍니다.

국립정신건강센터

http://www.ncmh.go.kr/
정신 건강과 관련한 정보들 검색해보실 수 있습니다.

※ 인터넷에서 '정신건강센터'를 검색하시면 각 행정구역별로 정신건강센터를 찾아보실 수 있습니다(세부 명칭은 센터별로 다소 상이).

한국심리학회

http://www.koreanpsychology.or.kr/
15개 산하 심리학회로 연결되며, 일반인들을 위한 다양한 심리학 정보 및 자료들을 제공하고 있습니다.

한국인지행동치료학회

http://www.kacbt.org/
인지행동치료 전문가 명단을 보실 수 있습니다.

한국상담심리학회

http://www.krcpa-counsel.or.kr/

일반인들을 위한 다양한 심리학 정보 및 상담심리사를 검색하실 수 있습니다.

한국임상심리학회

http://www.kcp.or.kr/user/sub03_1_1.asp

우울증, 아동청소년 주의력 문제, 치매와 신경심리에 대한 간략한 정보를 제공하고 있습니다.

한국상담학회

http://www.counselors.or.kr/

산하 학회 및 전문상담사를 검색하실 수 있습니다.

건강가정지원센터

https://www.familynet.or.kr/

여성가족부가 시행하는 가족정책의 주요 전달 체계로서 다양한 가족지원 정책을 제안 및 실행하기 위해 설립된 기관입니다. 전국의 건강가정지원센터는 가족문제의 예방과 해결을 위한 가족돌봄나눔사업, 생애주기별 가족교육사업, 가족상담사업, 가족친화문화조성사업, 정보제공 및 지역사회 네트워크 사업을 추진하고 있습니다. (☎ 1577-9337)

중독센터

인터넷에서 '중독센터'를 검색하시면 각 행정구역별로 중독센터를 찾아보실 수 있습니다(세부 명칭은 센터별로 다소 상이).

한국마약퇴치운동본부

www.drugfree.or.kr

한국마약퇴치운동본부는 마약류 및 약물남용의 예방과 치료, 재활사업 및 사회복귀를 위한 사회복지사업을 시행하고 있습니다. (☎ 1899-0893)

스마트쉼센터

www.iapc.or.kr

스마트쉼센터는 한국정보화진흥원에서 운영하는 조직으로 인터넷·스마트폰 과의존 예방과 치유를 위해 예방교육, 가정방문상담, 캠페인 등과 함께 과의존 온라인 진단도 제공하고 있습니다. (☎ 1599-0075)

한국도박문제관리센터

www.kcgp.or.kr

한국도박문제관리센터는 「사행산업통합감독위원회법」 제14조 제1항에 의거하여 사행산업 또는 불법사행산업으로 인한 중독 및 도박 문제와 관련한 예방·치유를 위한 상담·교육·홍보 및 관련 프로그램의 개발·보급 등을 하고 있습니다. (☎ 1336)

재난정신건강 정보센터

www.traumainfo.org

재난정신건강 정보센터는 재난과 관련된 정신 건강 문제, 재난으로 인한 심리사회적 영향, 회복방안 등에 대한 정보와 자원을 제공을 목적으로 합니다. 스트레스, 우울장애, 외상 후 스트레스 장애PTSD, 알코올 사용장애에 대한 온라인 자가진단과 관련 정보를 제공합니다.

중앙자살예방센터

www.spckorea.or.kr

중앙자살예방센터는 「자살예방 및 생명존중문화 조성을 위한 법률」 (2011.3.30.)에 근거하여 설치·운영되고 24시간 자살예방 상담을 제공합니다. (☎ 1393)

한국생명의전화

www.lifeline.or.kr

한국생명의전화는 24시간 365일 어려움에 처한 사람들을 상담하고, 생명존중문화 확산과 자살예방을 실천하는 국제 NGO입니다. (☎1588-9191)

[자조모임]

익명의 알코올중독자들(www.aakorea.org), 익명의 약물중독자들 한국 (www.nakorea.org), 단도박 모임(한국GA)(www.dandobak.co.kr), 한국 G.A. & Gam-Anon(www.dandobak.or.kr), 익명의 성중독자 모임(saoffline.modoo.at), 성소수자 부모모임(www.pflagkorea.org) 등

온라인 자원들

보다 많은 배움을 위하여, 전문적인 도움을 위하여, 그리고 치료와 기법
들에 대하여 보다 깊이 알아보기 위하여 다음의 온라인 자원들을 활용하
여 보시기 바랍니다.

불안 및 우울

미국불안및우울학회Anxiety and Depression Association of America (ADAA)
http://www.adaa.org/understanding-anxiety

ADAA 누리집에서는 정상적인 불안 및 우울과 장애가 있는 것을 구분하는
논의를 제공합니다. 이러한 건강 상태에 대한 통계가 포함되어 있고, 강박장
애(OCD) 및 외상 후 스트레스 장애(PTSD)에 대한 정보를 제공합니다.

국립정신건강원National Institute of Mental Health (NIMH)
불안Anxiety: www.nimh.nih.gov/health/topics/anxiety-disorders/index.shtml
우울Depression: www.nimh.nih.gov/health/topics/depression/index.shtml

이 누리집에서는 우울 및 불안의 공통적인 증상들을 기술하고, 위험 요인
과 치료방법에 대해 논의하며, 자신에게 적합한 임상시험을 어떻게 찾아

볼 수 있을지를 포함하고 있습니다. 또한 무료 소책자와 브로셔가 제공되는 링크가 포함되어 있습니다.

도움 찾아보기

행동인지치료학회Association for Behavioral and Cognitive Therapies (ABCT)

CBT 치료자 찾기Find a CBT Therapist: www.findcbt.org

이 누리집은 CBT 치료자를 우편번호, 전문분야, 적용 가능한 보험으로 검색할 수 있도록 해줍니다.

심리치료Psychological Treatments:

www.abct.org/Information/?m=mInformation&fa=_psychoTreatments

CBT 치료자들을 위한 선도적인 전문가 조직에서 제공하는 이 누리집은 근거기반 적용, 치료기법 옵션, 그리고 치료자 선택하기와 같은 항목들을 포함하고 있습니다.

임상심리학회Society of Clinical Psychology (SCP)

연구에 의해 지지되는 치료기법들Research-Supported Treatments:

www.div12.org/psychological-treatments/

SCP는 미국심리학회의 제12분과로서 연구에 의해 지지되는 치료기법들의 목록을 유지하고 있습니다. 이 누리집은 치료기법 및 심리적 건강상태로 기준으로 검색 가능합니다.

지지모임

미국불안및우울학회Anxiety and Depression Association of America (ADAA)
www.adaa.org/supportgroups

ADAA는 주 단위의 지지모임(아울러 국제 목록 일부 포함)에 대한 정보를 제공합니다. 지지모임 연락처 정보도 포함되어 있습니다.

정신질환전국연맹National Alliance on Mental Illness (NAMI)
www.nami.org/Find-Support

NAMI 누리집은 당신이나 사랑하는 사람에게 심리적 장애가 있는지 여부에 대한 지원을 찾아보는 방법을 제공합니다. 추가적인 자원들이 많이 제공되고 있으며, 지방의 NAMI 지부 링크도 포함되어 있습니다.

마음챙김

마음챙김넷 Mindfulnet
www.mindfulnet.org/index.htm

이 누리집은 마음챙김에 대한 모든 정보의 집합소입니다—마음챙김이 무엇인지, 어떻게 활용되는지, 마음챙김을 지지하는 연구 등.

도서

여기 소개하는 도서의 상당수는 행동및인지치료학회의 추천도서 목록에 있는 것입니다. 즉, 연구에 의한 증거가 굳건히 받쳐주는 치료방법을 제시합니다. 전체 목록은 www.abct.org/SHBooks에서 보실 수 있습니다.

우울과 불안

Davis, Martha, Elizabeth Robbins Eshelman, and Matthew McKay. *The Relaxation and Stress Reduction Workbook*, 6th edition.

Ellis, Albert, and Robert A. Harper. *A New Guide to Rational Living*. 이은희 역. 마음을 변화시키는 긍정의 심리학: 창조적인 삶을 위한 자기진단치료 노트.

Gillihan, Seth J. Cognitive Behavioral Therapy Made Simple: 10 Strategies for Managing Anxiety, Depression, Anger, Panic, and Worry. 신인수, 전철우 공역. 내 마음 내가 치유한다 - 알기 쉬운 인지행동치료CBT: 우울, 불안, 분노, 공황, 스트레스를 극복하는 열 가지 전략.

Otto, Michael, and Jasper Smits. *Exercise for Mood and Anxiety: Proven Strategies for Overcoming Depression and Enhancing Well-Being*. 최운침 역. 심리학자, 운동을 말하다: 스트레스와 우울증으로부터 탈출하는 운동치료법.

우울

Addis, Michael E., and Christopher R. Martell. *Overcoming Depression One Step at a Time: The New Behavioral Activation Approach to Getting Your Life Back*.

Burns, David D. *The Feeling Good Handbook*, Revised edition.

Greenberger, Dennis, and Christine A. Padesky. *Mind Over Mood: Change How You Feel by Changing the Way You Think*, 2nd edition. 권정혜 역. 기분 다스리기.

Joiner, Thomas Jr., and Jeremy Pettit. *The Interpersonal Solution to Depression: A Workbook for Changing How You Feel by Changing How You Relate*.

불안

Antony, Martin M., Peter J. Norton. *The Anti-Anxiety Workbook.* 임상인지행동연구회 역. 일반인을 위한 불안극복 프로젝트.

Antony, Martin M., and Richard P Swinson. *The Shyness and Social Anxiety Workbook: Proven Techniques for Overcoming Your Fears.*

Carbonell, David. *Panic Attacks Workbook: A Guided Program for Beating the Panic Trick.*

Clark, David A., and Aaron T. Beck. *The Anxiety and Worry Workbook: The Cognitive Behavioral Solution.*

Cooper, Hattie C. *Thriving with Social Anxiety: Daily Strategies for Overcoming Anxiety and Building Self-Confidence.*

Hope, Debra A., Richard G. Heimberg, and Cynthia L. Turk. *Managing Social Anxiety: A Cognitive-Behavioral Therapy Approach: Workbook*, 2nd edition. 최병휘 역. 사회불안증의 인지행동치료: 사회불안 다스리기.

Leahy, Robert L. *The Worry Cure: Seven Steps to Stop Worry from Stopping You.* 서영조 역. 걱정 활용법.

Reinecke, Mark. *Little Ways to Keep Calm and Carry On: Twenty Lessons for Managing Worry, Anxiety, and Fear.*

Robichaud, Melisa, and Michel J. Dugas. *The Generalized Anxiety Disorder Workbook: A Comprehensive CBT Guide for Coping with Uncertainty, Worry, and Fear.*

Tolin, David. *Face Your Fears: A Proven Plan to Beat Anxiety, Panic, Phobias, and Obsessions.*

Tompkins, Michael A. *Anxiety and Avoidance: A Universal Treatment for Anxiety, Panic, and Fear.*

White, Elke Zuercher. *An End to Panic: Breakthrough Techniques for Overcoming Panic Disorder.*

마음챙김

Germer, Christopher K. *The Mindful Path to Self-Compassion: Freeing Yourself from Destructive Thoughts and Emotions.* 한창호 역. 셀프컴패션: 나를 위한 기도. / 서광, 김정숙, 한창호 공역. 오늘부터 나에게 친절하기로 했다: 나를 아끼고 상처에서 자유로워지는 법.

Kabat-Zinn, Jon. *Full Catastrophe Living: Using the Wisdom of Your Body and Mind to Face Stress, Pain, and Illness, Revised edition.* 김교헌, 김정호, 장현갑 공역. 마음챙김 명상과 자기치유: 삶의 재난을 몸과 마음의 지혜로 마주하기(상-하).

Orsillo, Susan M., and Lizabeth Roemer. *The Mindful Way Through Anxiety: Break Free from Chronic Worry and Reclaim Your Life.* 한소영 역. 불안을 치유하는 마음챙김 명상법: 불안을 받아들이면 인생이 달라진다!

Teasdale, John D., and Zindel V Segal. *The Mindful Way Through Depression: Freeing Yourself from Chronic Unhappiness.* 차재호 역. 우울증을 다스리는 마음챙김 명상.

참고문헌

Abramson, Lyn Y., Gerald I. Metalsky, and Lauren B. Alloy. "Hopelessness Depression: A Theory-Based Subtype of Depression." *Psychological Review* *96*, no. 2 (April 1989): 358-372. doi:10.1037/0033-295X.96.2.358.

American Psychiatric Association. *Diagnostic and Statistical Manual of Mental Disorders*, 5th ed. (*DSM-5*). Arlington, VA: American Psychiatric Association Publishing, 2013. 권준수 외 공역. 정신질환의 진단 및 통계 편람(제5판). 서울: 학지사, 2015.

Antony, Martin M. "Behavior Therapy." In *Current Psychotherapies*, 10th ed., edited by Danny Wedding and Raymond J. Corsini, 193-230. Salt Lake City, UT: Brooks/Cole Publishing, 2013.

Asmundson, Gordon J. G., Mathew G. Fetzner, Lindsey B. DeBoer, Mark B. Powers, Michael W. Otto, and Jasper AJ Smits. "Let's Get Physical: A Contemporary Review of the Anxiolytic Effects of Exercise for Anxiety and Its Disorders." *Depression and Anxiety 30*, no. 4 (April 2013): 362-373. doi:10.1002/da.22043.

Association for Behavioral and Cognitive Therapies. "ABCT Fact Sheets: Guidelines for Choosing a Therapist." Accessed June 20, 2016. http://www.abct.org/Information/?m=mInformation&fa=fs_GUIDELINES_CHOOSING.

Association for Behavioral and Cognitive Therapies. "How It All Began." Accessed June 20, 2016. http://www.abct.org/About/?m=mAbout&fa=History.

Barth, Jürgen, Martina Schumacher, and Christoph Herrmann-Lingen. "Depression as a Risk Factor for Mortality in Patients with Coronary Heart Disease: A Meta-Analysis." *Psychosomatic Medicine 66*, no. 6 (November/ December

2004): 802-813. doi:10.1097/01.psy.0000146332. 53619.b2.

Be, Daniel, Mark A. Whisman, and Lisa A. Uebelacker. "Prospective Associations Between Marital Adjustment and Life Satisfaction." *Personal Relationships 20*, no. 4 (December 2013): 728-739. doi:10.1111/pere.12011.

Beck, Aaron T. "Thinking and Depression: I. Idiosyncratic Content and Cognitive Distortions." *Archives of General Psychiatry 9*, no. 4 (October 1963): 324-333. doi:10.1001/archpsyc.1963.01720160014002.

Beck, Aaron T. "Cognitive Therapy: Nature and Relation to Behavior Therapy." *Behavior Therapy 1*, no. 2 (May 1970): 184-200. doi:10.1016/ S0005-7894(70)80030-2.

Beck, Aaron T., A. John Rush, Brian F. Shaw, and Gary Emery. *Cognitive Therapy of Depression.* New York: Guilford Press, 1979. 원호택 역. 우울증의 인지치료. 서울: 학지사, 2005.

Beck, Aaron T. *Cognitive Therapy and the Emotional Disorders.* New York: Penguin Books, 1979. 민병배 역. 인지치료와 정서장애: 인지치료 창시자 아론 벡이 저술한 인지행동치료의 고전. 서울: 학지사, 2017.

Beck, Aaron T. "The Evolution of the Cognitive Model of Depression and Its Neurobiological Correlates." *American Journal of Psychiatry 165*, no. 8 (August 2008): 969-977. doi:10.1176/appi.ajp.2008.08050721.

Beck, Aaron T., and David JA Dozois. "Cognitive Therapy: Current Status and Future Directions." *Annual Review of Medicine 62* (2011): 397-409. doi:10.1146 /annurev-med-052209-100032.

Beck, Judith S. *Cognitive Behavior Therapy: Basics and Beyond,* 2nd ed. New York: Guilford Press, 2011. 최영희 외 공역. 인지행동치료 이론과 실제. 서울: 하나의학사, 2017.

Borkovec, Thomas D., Oscar M. Alcaine, and Evelyn Behar. "Avoidance Theory of Worry and Generalized Anxiety Disorder." In *Generalized Anxiety Disorder: Advances in Research and Practice*, edited by Richard G. Heimberg,

Cynthia L. Turk, and Douglas S. Mennin, 77-108. New York: Guilford Press, 2004.

Butler, Andrew C., Jason E. Chapman, Evan M. Forman, and Aaron T. Beck. "The Empirical Status of Cognitive-Behavioral Therapy: A Review of Meta-Analyses." *Clinical Psychology Review 26*, no. 1 (January 2006): 17-31. doi:10.1016/j.cpr.2005.07.003.

Chu, Brian C., Daniela Colognori, Adam S. Weissman, and Katie Bannon. "An Initial Description and Pilot of Group Behavioral Activation Therapy for Anxious and Depressed Youth." *Cognitive and Behavioral Practice 16*, no. 4 (November 2009): 408-419. doi:10.1016/j.cbpra. 2009.04.003.

Cole-King, A, and K. G. Harding. "Psychological Factors and Delayed Healing in Chronic Wounds." *Psychosomatic Medicine 63*, no. 2 (March-April 2001): 216-220. doi:10.1.1.570.3740.

Cooney, Gary M., Kerry Dwan, Carolyn A. Greig, Debbie A. Lawlor, Jane Rimer, Fiona R. Waugh, Marion McMurdo, and Gillian E. Mead. "Exercise for Depression." Cochrane Database of Systematic Reviews, Issue 9 (2013). Art. No.: CD004366. doi:10.1002/14651858.CD004366. pub6.

Cooper, Andrew A., Alexander C. Kline, Belinda P. M. Graham, Michele Bedard-Gilligan, Patricia G. Mello, Norah C. Feeny, and Lori A. Zoellner. "Homework 'Dose,' Type, and Helpfulness as Predictors of Clinical Outcomes in Prolonged Exposure for PTSD." *Behavior Therapy* (2016). doi:10.1016/j.beth.2016.02.013.

Craske, Michelle G., and David H. Barlow. *Mastery of Your Anxiety and Panic: Workbook*, 4th ed. New York: Oxford University Press, 2006. 최병휘 역. 공황장애의 인지행동치료: 불안과 공황의 극복. 서울: 시그마프레스, 2016.

Craske, Michelle G., Katharina Kircanski, Moriel Zelikowsky, Jayson Mystkowski, Najwa Chowdhury, and Aaron Baker. "Optimizing Inhibitory Learning During Exposure Therapy." *Behaviour Research and Therapy 46*, no. 1 (January 2008): 5-27. doi:10.1016/j.brat. 2007.10.003.

Cuijpers, Pieter. "Bibliotherapy in Unipolar Depression: A Meta-Analysis." *Journal of Behavior Therapy and Experimental Psychiatry 28*, no. 2 (June 1997): 139-147. doi:10.1016/S0005-7916(97)00005-0.

Cuijpers, Pim, Tara Donker, Annemieke van Straten, J. Li, and Gerhard Andersson. "Is Guided Self-Help as Effective as Face-to-Face Psychotherapy for Depression and Anxiety Disorders? A Systematic Review and Meta-Analysis of Comparative Outcome Studies." *Psychological Medicine 40*, no. 12 (December 2010): 1943-1957. doi:10.1017/S0033291710000772.

Dimidjian, Sona, Steven D. Hollon, Keith S. Dobson, Karen B. Schmaling, Robert J. Kohlenberg, Michael E. Addis, Robert Gallop et al. "Randomized Trial of Behavioral Activation, Cognitive Therapy, and Antidepressant Medication in the Acute Treatment of Adults With Major Depression." *Journal of Consulting and Clinical Psychology 74*, no. 4 (August 2006): 658-670. doi:10.1037/0022-006X.74.4.658.

Division 12 of the American Psychological Association. "Research-Supported Psychological Treatments." Accessed June 20, 2016. https://www.div12.org/psychological-treatments.

Doering, Lynn V., Debra K. Moser, Walter Lemankiewicz, Cristina Luper, and Steven Khan. "Depression, Healing and Recovery From Coronary Artery Bypass Surgery." *American Journal of Critical Care 14*, no. 4 (July 2005): 316-324. doi:10.1.1.607.8304.

Dugas, Michel J., Pascale Brillon, Pierre Savard, Julie Turcotte, Adrienne Gaudet, Robert Ladouceur, Renée Leblanc, and Nicole J. Gervais. "A Randomized Clinical Trial of Cognitive-Behavioral Therapy and Applied Relaxation for Adults with Generalized Anxiety Disorder." *Behavior Therapy 41*, no. 1 (March 2010): 46-58. doi:10.1016/j. beth.2008.12.004.

The Economist. "Air Safety: A Crash Course in Probability." Accessed June 21, 2016. http://www.economist.com/blogs/gulliver/2015/01/air-safety.

Egan, Gerard. *The Skilled Helper*, 6th ed. Pacific Grove, CA: Brooks/Cole, 1998.

Ellis, Albert. *Reason and Emotion in Psychotherapy*. Secaucus, NJ: Citadel Press, 1962.

Ellis, Albert. *Overcoming Destructive Beliefs, Feelings, and Behaviors: New Directions for Rational Emotive Behavior Therapy*. Amherst, NY: Prometheus Books, 2001.

Ellis, Albert, and Catherine MacLaren. *Rational Emotive Behavior Therapy: A Therapist's Guide*, 2nd ed. Atascadero, CA: Impact Publishers, 2005. 서수균, 김윤희 공역. 합리적 정서행동치료. 서울: 학지사, 2007.

Epictetus. Enchiridion. Mineola, NY: Dover Publications, 2004. 김재홍 역. 왕보다 더 자유로운 삶 : 에픽테토스의《엥케이리디온》,《대화록》연구. 파주 : 서광사, 2013.

Epperson, C. Neill, Meir Steiner, S. Ann Hartlage, Elias Eriksson, Peter J. Schmidt, Ian Jones, and Kimberly A. Yonkers. "Premenstrual Dysphoric Disorder: Evidence for a New Category for DSM-5." *American Journal of Psychiatry* (May 2012): 465-475. doi:10.1176/appi.ajp.2012.11081302.

Eysenck, Hans Jurgen. *Behaviour Therapy and the Neuroses*. Oxford: Pergamon, 1960.

Fernie, Bruce A., Marcantonio M. Spada, Ana V. Nikčević, George A. Georgiou, and Giovanni B. Moneta. "Metacognitive Beliefs About Procrastination: Development and Concurrent Validity of a Self-Report Questionnaire." *Journal of Cognitive Psychotherapy 23*, no. 4 (2009): 283-293. doi:10.1891/0889-8391.23.4.283.

Foa, Edna B., and Michael J. Kozak. "Emotional Processing of Fear: Exposure to Corrective Information." *Psychological Bulletin 99*, no. 1 (January 1986): 20-35. doi:10.1037/0033-2909.99.1.20.

Francis, Kylie, and Michel J. Dugas. "Assessing Positive Beliefs About Worry: Validation of a Structured Interview." *Personality and Individual Differences*

37, no. 2 (July 2004): 405-415. doi:10.1016/j.paid.2003.09.012.

Freud, Sigmund. *An Outline of Psycho-Analysis.* New York: W. W. Norton and Company, 1949.

Gawrysiak, Michael, Christopher Nicholas, and Derek R. Hopko. "Behavioral Activation for Moderately Depressed University Students: Randomized Controlled Trial." *Journal of Counseling Psychology 56*, no. 3 (July 2009): 468 -475. doi:10.1037/a0016383.

Gellatly, Judith, Peter Bower, Sue Hennessy, David Richards, Simon Gilbody, and Karina Lovell. "What Makes Self-Help Interventions Effective in the Management of Depressive Symptoms? Meta-Analysis and Meta-Regression." *Psychological Medicine 37*, no. 9 (September 2007): 1217-1228. doi:10.1017/S0033291707000062.

Gillihan, Seth J., E. A. Hembree, and E. B. Foa. "Behavior Therapy: Exposure Therapy for Anxiety Disorders." In *The Art and Science of Brief Psychotherapies: An Illustrated Guide*, edited by Mantosh J. Dewan, Brett N. Steenbarger, and Roger P. Greenberg, 83-120. Arlington, VA: American Psychiatric Publishing, 2012.

Gillihan, Seth J., and Edna B. Foa. "Exposure-Based Interventions for Adult Anxiety Disorders, Obsessive-Compulsive Disorder, and Posttraumatic Stress Disorder." In *The Oxford Handbook of Cognitive and Behavioral Therapies*, edited by Christine Maguth Nezu and Arthur M. Nezu, 96-117. New York: Oxford University Press, 2015.

Gillihan, Seth J., Monnica T. Williams, Emily Malcoun, Elna Yadin, and Edna B. Foa. "Common Pitfalls in Exposure and Response Prevention (EX/RP) for OCD." *Journal of Obsessive-Compulsive and Related Disorders 1*, no. 4 (October 2012): 251-257. doi:10.1016/j.jocrd.2012.05.002.

Goldfried, Marvin R., and Gerald C. Davison. *Clinical Behavior Therapy.* New York: John Wiley and Sons, 1994.

Haaga, David A., Murray J. Dyck, and Donald Ernst. "Empirical Status of

Cognitive Theory of Depression." *Psychological Bulletin* 110, no. 2 (September 1991): 215-236. doi:10.1037/0033-2909.110.2.215.

Hallion, Lauren S., and Ayelet Meron Ruscio. "A Meta-Analysis of the Effect of Cognitive Bias Modification on Anxiety and Depression." *Psychological Bulletin 137*, no. 6 (November 2011): 940-958. doi:10.1037/a0024355.

Hellström, Kerstin, and Lars-Göran Öst. "One-Session Therapist Directed Exposure vs Two Forms of Manual Directed Self-Exposure in the Treatment of Spider Phobia." *Behaviour Research and Therapy 33*, no. 8 (November 1995): 959-965. doi:10.1016/0005-7967(95)00028-V.

Hesse, Hermann. *Narcissus and Goldmund.* Translated by Ursule Molinaro. New York: Farrar, Straus and Giroux, 1968. 임홍배 역. 나르치스와 골드문트. 서울: 민음사, 2003. / 윤순식 역. 나르치스와 골드문트. 서울: 현대문학, 2013.

Hirai, Michiyo, and George A. Clum. "A Meta-Analytic Study of Self-Help Interventions for Anxiety Problems." *Behavior Therapy 37*, no. 2 (June 2006): 99-111. doi:10.1016/j.beth.2005.05.002.

Hofmann, Stefan G., Anu Asnaani, Imke JJ Vonk, Alice T. Sawyer, and Angela Fang. "The Efficacy of Cognitive Behavioral Therapy: A Review of Meta-Analyses." *Cognitive Therapy and Research 36*, no. 5 (October 2012): 427-440. doi:10.1007/s10608-012-9476-1.

Hollon, Steven D., Robert J. DeRubeis, Richard C. Shelton, Jay D. Amsterdam, Ronald M. Salomon, John P. O'Reardon, Margaret L. Lovett et al. "Prevention of Relapse Following Cognitive Therapy vs Medications in Moderate to Severe Depression." *Archives of General Psychiatry 62*, no. 4 (April 2005): 417-422. doi:10.1001/archpsyc.62.4.417.

Homer. The Odyssey, Book XII, translated by Samuel Butler. Accessed June 23, 2016. http://classics.mit.edu/Homer/odyssey.12.xii.html. 천병희 역. 오 뒷세이아. 고양: 숲, 2006.

Hopko, Derek R., C. W. Lejuez, and Sandra D. Hopko. "Behavioral Activation

as an Intervention for Coexistent Depressive and Anxiety Symptoms."
Clinical Case Studies 3, no. 1 (January 2004): 37-48. doi:10.1177/
1534650103258969.

Kaufman, Joan, Bao-Zhu Yang, Heather Douglas-Palumberi, Shadi Houshyar,
Deborah Lipschitz, John H. Krystal, and Joel Gelernter. "Social Supports and
Serotonin Transporter Gene Moderate Depression in Maltreated Children."
*Proceedings of the National Academy of Sciences of the United States of
America 101*, no. 49 (December 2004): 17,316-17,321. doi:10.1073/
pnas.0404376101.

Kazantzis, Nikolaos, Craig Whittington, and Frank Dattilio. "Meta Analysis of
Homework Effects in Cognitive and Behavioral Therapy: A Replication and
Extension." *Clinical Psychology: Science and Practice 17*, no. 2 (June 2010):
144-156. doi:10.1111/j.1468-2850.2010.01204.x.

Kazdin, Alan E. "Evaluation of the Automatic Thoughts Questionnaire: Negative
Cognitive Processes and Depression Among Children." *Psychological
Assessment: A Journal of Consulting and Clinical Psychology 2*, no. 1 (March
1990): 73-79. doi:10.1037/1040-3590. 2.1.73.

Keeley, Mary L., Eric A. Storch, Lisa J. Merlo, and Gary R. Geffken. "Clinical
Predictors of Response to Cognitive-Behavioral Therapy for Obsessive-
Compulsive Disorder." *Clinical Psychology Review 28*, no. 1 (January 2008):
118-130. doi:10.1016/j.cpr.2007.04.003.

Kessler, Ronald C., Patricia Berglund, Olga Demler, Robert Jin, Doreen Koretz,
Kathleen R. Merikangas, A. John Rush, Ellen E. Walters, and Philip S.
Wang. "The Epidemiology of Major Depressive Disorder: Results from the
National Comorbidity Survey Replication (NCS-R)." *Journal of the American
Medical Association 289*, no. 23 (June 2003): 3095-3105. doi:10.1001/
jama.289.23.3095.

Kessler, Ronald C., Patricia Berglund, Olga Demler, Robert Jin, Kathleen R.
Merikangas, and Ellen E. Walters. "Lifetime Prevalence and Age-of- Onset

Distributions of DSM-IV Disorders in the National Comorbidity Survey Replication." *Archives of General Psychiatry 62*, no. 6 (June 2005): 593-602. doi:10.1001/archpsyc.62.6.593.

Kessler, Ronald C., Wai Tat Chiu, Olga Demler, and Ellen E. Walters. "Prevalence, Severity, and Comorbidity of 12-month DSM-IV Disorders in the National Comorbidity Survey Replication." *Archives of General Psychiatry 62*, no. 6 (June 2005): 617-627. doi:10.1001/archpsyc. 62.6.617.

Kessler, Ronald C., Wai Tat Chiu, Robert Jin, Ayelet Meron Ruscio, Katherine Shear, and Ellen E. Walters. "The Epidemiology of Panic Attacks, Panic Disorder, and Agoraphobia in the National Comorbidity Survey Replication." *Archives of General Psychiatry 63*, no. 4 (April 2006): 415-424. doi:10.1001/archpsyc.63.4.415.

Kessler, Ronald C., Maria Petukhova, Nancy A. Sampson, Alan M. Zaslavsky, and Hans Ullrich Wittchen. "Twelve Month and Lifetime Prevalence and Lifetime Morbid Risk of Anxiety and Mood Disorders in the United States." *International Journal of Methods in Psychiatric Research 21*, no. 3 (September 2012): 169-184. doi:10.1002/mpr.1359.

Kessler, Ronald C., Ayelet Meron Ruscio, Katherine Shear, and Hans-Ulrich Wittchen. "Epidemiology of Anxiety Disorders." *Behavioral Neurobiology of Anxiety and Its Treatment*, edited by Murray B. Stein and Thomas Steckler, 21-35. Heidelberg, Germany: Springer, 2009.

Kroenke, Kurt, Robert L. Spitzer, and Janet B. W. Williams. "The PHQ 9." *Journal of General Internal Medicine 16*, no. 9 (September 2001): 606-613. doi:10.1046/j.1525-1497.2001.016009606.x.

Krogh, Jesper, Merete Nordentoft, Jonathan A. C. Sterne, and Debbie A. Lawlor. "The Effect of Exercise in Clinically Depressed Adults: Systematic Review and MetaAnalysis of Randomized Controlled Trials." *The Journal of Clinical Psychiatry 72*, no. 4 (2011): 529-538. doi:10. 4088/JCP.08r04913blu.

Ladouceur, Robert, Patrick Gosselin, and Michel J. Dugas. "Experimental

Manipulation of Intolerance of Uncertainty: A Study of a Theoretical Model of Worry." *Behaviour Research and Therapy 38*, no. 9 (September 2000): 933-941. doi:10.1016/S0005-7967(99)00133-3.

Lazarus, Arnold A. *Multimodal Behavior Therapy.* New York: Springer Publishing Company, 1976.

Leary, Mark R., and Sarah Meadows. "Predictors, Elicitors, and Concomitants of Social Blushing." *Journal of Personality and Social Psychology 60*, no. 2 (February 1991): 254-262. doi:10.1037/0022-3514.60.2.254.

Lejuez, C. W., Derek R. Hopko, Ron Acierno, Stacey B. Daughters, and Sherry L. Pagoto. "Ten Year Revision of the Brief Behavioral Activation Treatment for Depression: Revised Treatment Manual." *Behavior Modification 35*, no. 2 (March 2011): 111-161. doi:10.1177/ 0145445510390929.

Liu, Xinghua, Sisi Wang, Shaochen Chang, Wenjun Chen, and Mei Si. "Effect of Brief Mindfulness Intervention on Tolerance and Distress of Pain Induced by Cold-Pressor Task." *Stress and Health 29*, no. 3 (August 2013): 199-204. doi:10.1002/smi.2446.

Löwe, Bernd, Kurt Kroenke, Wolfgang Herzog, and Kerstin Gräfe. "Measuring Depression Outcome with a Brief Self-Report Instrument: Sensitivity to Change of the Patient Health Questionnaire (PHQ-9)." *Journal of Affective Disorders 81*, no. 1 (July 2004): 61-66. doi:10. 1016/S0165-0327(03)00198-8.

Ma, S. Helen, and John D. Teasdale. "Mindfulness-Based Cognitive Therapy for Depression: Replication and Exploration of Differential Relapse Prevention Effects." *Journal of Consulting and Clinical Psychology 72*, no. 1 (February 2004): 31-40. doi:10.1037/0022-006X.72.1.31.

Martin, Alexandra, Winfried Rief, Antje Klaiberg, and Elmar Braehler. "Validity of the Brief Patient Health Questionnaire Mood Scale (PHQ-9) in the General Population." *General Hospital Psychiatry 28*, no. 1 (January-February 2006): 71-77. doi:10.1016/j.genhosppsych.2005. 07.003.

McClatchy, Steve. *Decide.* Hoboken, NJ: Wiley, 2014.

McLean, Carmen P., Anu Asnaani, Brett T. Litz, and Stefan G. Hofmann. "Gender Differences in Anxiety Disorders: Prevalence, Course of Illness, Comorbidity and Burden of Illness." *Journal of Psychiatric Research 45*, no. 8 (August 2011): 1027-1035. doi:10.1016/j.jpsychires.2011.03.006.

McManus, Freda, David M. Clark, and Ann Hackmann. "Specificity of Cognitive Biases in Social Phobia and Their Role in Recovery." *Behavioural and Cognitive Psychotherapy 28*, no. 03 (July 2000): 201-209. doi:10.1017/S1352465800003015.

Medco Health Solutions, Inc., "America's State of Mind Report." Accessed June 21, 2016. http://apps.who.int/medicinedocs/documents/s19032en/ s19032en.pdf.

Mitchell, Matthew D., Philip Gehrman, Michael Perlis, and Craig A. Umscheid. "Comparative Effectiveness of Cognitive Behavioral Therapy for Insomnia: A Systematic Review." *BMC Family Practice 13* (May 2012): 1-11. doi:10.1186/1471-2296-13-40.

Moscovitch, David A. "What Is the Core Fear in Social Phobia? A New Model to Facilitate Individualized Case Conceptualization and Treatment." *Cognitive and Behavioral Practice 16*, no. 2 (May 2009): 123-134. doi:10.1016/ j.cbpra.2008.04.002.

Naragon-Gainey, Kristin. "Meta-Analysis of the Relations of Anxiety Sensitivity to the Depressive and Anxiety Disorders." *Psychological Bulletin 136*, no. 1 (January 2010): 128-150. doi:10.1037/a0018055.

Nolen-Hoeksema, Susan, Blair E. Wisco, and Sonja Lyubomirsky. "Rethinking Rumination." *Perspectives on Psychological Science 3*, no. 5 (September 2008): 400-424. doi:10.1111/j.1745-6924.2008.00088.x.

Okajima, Isa, Yoko Komada, and Yuichi Inoue. "A Meta-Analysis on the Treatment Effectiveness of Cognitive Behavioral Therapy for Primary Insomnia." *Sleep and Biological Rhythms 9*, no. 1 (January 2011): 24-34. doi:10.1111/j.1479-8425.2010.00481.x.

Öst, Lars-Göran. "One-Session Treatment for Specific Phobias." *Behaviour Research and Therapy 27*, no. 1 (1989): 1-7. doi:10.1016/0005-7967(89) 90113-7.

Pavlov, Ivan P. "The Scientific Investigation of the Psychical Faculties or Processes in the Higher Animals." *Science 24*, no. 620 (November 1906): 613-619. doi:10.1126/science.24.620.613.

Piet, Jacob, and Esben Hougaard. "The Effect of Mindfulness-Based Cognitive Therapy for Prevention of Relapse in Recurrent Major Depressive Disorder: A Systematic Review and Meta-Analysis." *Clinical Psychology Review 31*, no. 6 (August 2011): 1032-1040. doi:10.1016/ j.cpr.2011.05.002.

Rachman, Stanley. *The Effects of Psychotherapy*. Oxford: Pergamon Press, 1971.

Redmoon, Ambrose. "No Peaceful Warriors." *Gnosis Journal*, Fall 1991.

Robustelli, Briana L., Anne C. Trytko, Angela Li, and Mark A. Whisman. "Marital Discord and Suicidal Outcomes in a National Sample of Married Individuals." *Suicide and Life-Threatening Behavior 45*, no. 5 (October 2015): 623-632. doi:10.1111/sltb.12157.

Rothbaum, Barbara, Edna B. Foa, and Elizabeth Hembree. *Reclaiming Your Life from a Traumatic Experience: A Prolonged Exposure Treatment Program Workbook*. New York: Oxford University Press, 2007.

Schmidt, Norman B., and Kelly Woolaway-Bickel. "The Effects of Treatment Compliance on Outcome in Cognitive-Behavioral Therapy for Panic Disorder: Quality Versus Quantity." *Journal of Consulting and Clinical Psychology 68*, no. 1 (February 2000): 13-18. doi:10.1037/0022-006X. 68.1.13.

Sheldon, Kennon M., and Andrew J. Elliot. "Goal Striving, Need Satisfaction, and Longitudinal Well-Being: The Self-Concordance Model." *Journal of Personality and Social Psychology 76*, no. 3 (March 1999): 482-497.doi:10.1037/ 0022-3514.76.3.482.

Skinner, Burrhus Frederic. *The Behavior of Organisms: An Experimental Analysis*. Cambridge, MA: B. F. Skinner Foundation, 1991.

Solomon, Laura J., and Esther D. Rothblum. "Academic Procrastination: Frequency and Cognitive-Behavioral Correlates." *Journal of Counseling Psychology 31*, no. 4 (October 1984): 503-509. doi:10.1037/0022-0167. 31.4.503.

Spek, Viola, Pim Cuijpers, Ivan Nyklícek, Heleen Riper, Jules Keyzer, and Victor Pop. "Internet-Based Cognitive Behaviour Therapy for Symptoms of Depression and Anxiety: A Meta-Analysis." *Psychological Medicine 37*, no. 3 (March 2007): 319-328. doi:10.1017/S0033291706008944.

Stathopoulou, Georgia, Mark B. Powers, Angela C. Berry, Jasper A. J. Smits, and Michael W. Otto. "Exercise Interventions for Mental Health: A Quantitative and Qualitative Review." *Clinical Psychology: Science and Practice 13*, no. 2 (May 2006): 179-193. doi:10.1111/j.1468-2850.2006.00021.x.

Sweeney, Paul D., Karen Anderson, and Scott Bailey. "Attributional Style in Depression: A Meta-Analytic Review." *Journal of Personality and Social Psychology 50*, no. 5 (May 1986): 974-991. doi:10.1037/0022-3514. 50.5.974.

Teasdale, John D., Zindel Segal, and J. Mark G. Williams. "How Does Cognitive Therapy Prevent Depressive Relapse and Why Should Attentional Control (Mindfulness) Training Help?" *Behaviour Research and Therapy 33*, no. 1 (January 1995): 25-39. doi:10.1016/ 0005-7967(94)E0011-7.

Tolin, David F. "Is Cognitive-Behavioral Therapy More Effective Than Other Therapies?: A Meta-Analytic Review." *Clinical Psychology Review 30*, no. 6 (August 2010): 710-720. doi:10.1016/j.cpr.2010.05.003.

Tuckman, Ari. *Integrative Treatment for Adult ADHD*. Oakland, CA: New Harbinger Publications, 2007.

Vittengl, Jeffrey R., Lee Anna Clark, Todd W. Dunn, and Robin B. Jarrett. "Reducing Relapse and Recurrence in Unipolar Depression: A Comparative Meta-Analysis of Cognitive-Behavioral Therapy's Effects." *Journal of Consulting and Clinical Psychology 75*, no. 3 (June 2007): 475-488.

doi:10.1037/0022-006X.75.3.475.

Wegner, Daniel M., David J. Schneider, Samuel R. Carter, and Teri L. White. "Paradoxical Effects of Thought Suppression." *Journal of Personality and Social Psychology 53*, no. 1 (July 1987): 5-13. doi:10.1037/ 0022-3514.53.1.5.

Wei, Meifen, Philip A. Shaffer, Shannon K. Young, and Robyn A. Zakalik. "Adult Attachment, Shame, Depression, and Loneliness: The Mediation Role of Basic Psychological Needs Satisfaction." *Journal of Counseling Psychology 52*, no. 4 (October 2005): 591-601. doi:10.1037/ 0022-0167.52.4.591.

Wells, Adrian, David M. Clark, Paul Salkovskis, John Ludgate, Ann Hackmann, and Michael Gelder. "Social Phobia: The Role of In-Situation Safety Behaviors in Maintaining Anxiety and Negative Beliefs." *Behavior Therapy 26*, no. 1 (Winter 1996): 153-161. doi:10.1016/S0005-7894(05)80088-7.

Westra, Henny A., David J. A. Dozois, and Madalyn Marcus. "Expectancy, Homework Compliance, and Initial Change in Cognitive-Behavioral Therapy for Anxiety." *Journal of Consulting and Clinical Psychology 75*, no. 3 (June 2007): 363-373. doi:10.1037/0022-006X.75.3.363.

Williams, Chris, and Rebeca Martinez. "Increasing Access to CBT: Stepped Care and CBT Self-Help Models in Practice." *Behavioural and Cognitive Psychotherapy 36*, no. 6 (November 2008): 675-683. doi:10.1017/ S1352465808004864.

Wolpe, Joseph. "Psychotherapy by Reciprocal Inhibition." Conditional Reflex: *A Pavlovian Journal of Research and Therapy 3*, no. 4 (October 1968): 234-240. doi:10.1007/BF03000093.

World Health Organization. "Media Centre: Depression Fact Sheet." Accessed June 23, 2016. http://www.who.int/mediacentre/factsheets/ fs369/en/.

개인용 노트

감사의 말

이 책의 집필에 도움을 주신 많은 분들께 감사드립니다. 어머니와 아버지는 제 일생에 걸쳐 중요한 순간에 격려의 말씀을 해주셨습니다. 저의 네 형제인 Yonder, Malachi, Timothy, Charlie는 좋을 때나 나쁠 때나 변함없는 지지자들입니다.

조지 워싱턴 대학교의 두 교수님은 저의 임상 연구에 큰 도움을 주셨습니다. Ray Pasi 박사님은 저에게 임상의로서 영감을 주셨고, 따뜻한 마음과 유머 감각으로 계속해서 영감을 주고 계십니다. 또한 고故 Chris Erickson 박사님으로부터 지속적으로 사려깊은 멘토링을 받았고 그는 저를 CBT로 이끌어 주셨습니다.

펜실베이니아 대학교에서 CBT를 처음 접했던 학생으로서, 제 평가 지도자이셨던 Melissa 박사님은 자신의 직감을 믿으라고 가르쳐 주셨고, 그보다 더 훌륭한 지도자분을 만날 수 없었습니다. Alan Goldstein 박사님은 훌륭한 행동치료가 얼마나 따뜻할 수 있는지를 저에게 보여주셨습니다. 3년 동안 저의 인지 치료 지도자셨던 Rob DeRubeis 박사님은 CBT 치료자로서 각각의 훈련생들의 고유한 스타일을 뒷받침해주는 재능을 가지고 계십니다. 연구를 통해 지원되는 치료 목록 개발에 앞장섰던 Dianne Chambless 박사님이 제가 펜실베이니아 대학교에 있는 동안 임상 트레이닝 책임자였다는 것이 저에겐 행운이었습니다. Martha Farah 박사님은 세계 최고의 박사과정 조언자이셨고, 그들이 저를 학계에서 멀어지게 했을 때에도 저의 진로 결정에 대해 전적으로 지지해주셨습니다. 불안 치료의 선구자이신 Edna Foa 박사님은 제가 펜실베이니아 대학교의 전임 교수직에 있는 동안 유용한 훈련과 공동 연구를 제공해주셨습니다. 박사과정 이후 Elyssa Kushner 박사님이 저의 훌륭한 지도자이셨고, 그분이 저에게 마음챙김 기반 치료를 소개해주셨습니다.

결실을 맺기 위해 지속 중인 연구의 공동 연구자인 Janet Singer에게 감사드립니다. Corey Field의 견실하고 관대한 조언에 감사드립니다.

편집자인 Nana K. Twumasi는 함께 작업하게 되어 최고였고, 이 프로젝트의 전반적인 비전 제시에 필수적인 역할을 하셨습니다.

지난 15년 동안, 저는 힘겨운 변화를 만들기 위해 헌신한 수백 명의 사람들을 치료할 수 있는 특권을 누렸습니다. 함께 일할 수 있는 기회를 주셔서 감사하고 많은 것을 배웠습니다.

마지막으로 제 아내이자 친구인 Marcia Leithauser에게, 제가 난관에 빠졌을 때 당신의 지속적인 지지와 통찰력 있는 제안, 그리고 처음부터 마음으로 글을 집필하라고 상기시켜준 것에 대해서 말로 표현할 수 없는 정도로 감사드립니다.

역자 후기

내 마음 내가 치유한다
— 7주간의 인지행동치료CBT 치유 여정

앞서 저희 역자들이 소개한 세스 길리한 박사의 『내 마음 내가 치유한다: 알기 쉬운 인지행동치료CBT』는 「우울 · 불안 · 분노 · 공황 · 스트레스를 극복하는 열 가지 전략」이라는 책 부제에서 볼 수 있듯이 우리가 경험할 수 있는 심리적 불편감들을 줄이거나 해소할 수 있도록 도와주는 인지행동치료의 기본적인 기법들을 간략히 소개하는 책자였습니다. 이번에 소개해 드리는 『내 마음 내가 치유한다: 7주간의 인지행동치료CBT 치유 여정』은 구체적으로 어떤 절차로 인지행동치료의 기법들을 적용할 수 있는지 안내하고 있습니다. 우울이나 불안을 겪는 분들뿐만 아니라 다른 심리적 고통을 겪는 분들 역시 이 책에서 인지행동치료를 어떻게 자신에게 적용할 수 있는지 배우실 수 있습니다.

세계적으로 저명한 인지행동치료 전문가 세스 길리한 박사가 내담자들에게 치료를 진행하는 구조와 유사하게 책의 내용이 구성되어 있습니다. 인지행동치료를 처음 접하는 사람도 이 책에 소개된 7주간의 치유 여정을 함께하다 보면 내 마음을 치유할 수 있는 나만의 도구를 개발하고 획득할 수 있습니다. 인지행동치료는 생각, 감정, 행동 사이의 관계들을 바탕으로 합니다. 사실 기존에 가지고 있던 생각의 습관을 벗어던지고 감정과 행동을 바꾸는 것은 쉬운 일이 아닙니다. 그 때문에 이 책은 섬세하게 설계되었습니다. 우리가 일상생활에서 만날 수 있는 흔한 현대인의 모습이자, 또 다른 나의 부분적인 모습을 지닌 사람들의 치유 스토리가 있습니다. 책에서 소개되는 인지행동치료의 이론과 함께 그들이 겪고 있는 불안이나 우울 증세에 공감하며 치유되는 과정을 따라가다 보면 스스로를 치유할 수 있다는 자신감과 함께 스스로 치유할 수 있는 치료 역량도 길러지게 될 것입니다.

물론 이 시리즈의 제목에 '내 마음 내가 치유한다'라는 표현이 있다고 해서 이 책들만 갖고서 모든 심리적 문제를 해결할 수 있다는 의미는 당연히 아닙니다. 이 책을 읽고 적용해가는 가운데 심리적 문제가 해소되지 않거나 오히려 가중된다면 정신건강 전문가들의 도움을 받는 게 큰 도움이 되실 수 있습니다. 자신이 만나고 있는 전문가가 자신에게 도움이 되고 있는지 평가하고 싶으시다면 역자 중 한 명이 공역한『최고의 나를 찾는 심리전략 35: 트라우마와 중독을 넘어 치유와 성장으로!!!』에 소개된「조력 동맹 질문지」를 참조하시면 도움이 되실 겁니다.

개인과 사회가 분리될 수 없듯이 우리가 겪는 심리적 불편감이나 고통 역시 사회와 전혀 무관할 수는 없을 것입니다. 팬데믹과 기후위기, 사회적 갈등과 전쟁 역시 우리의 심리적 건강과 무관할 수 없는 일일 것입니다. 이런 사회에서 건강한 몸을 위해 꾸준히 운동하듯, 건강한 마음을 위해서도 마음의 근육을 단련하는 훈련이 필요합니다. 개인과 사회가 함께 건강해지는 길을 모색하는 일이 그 어느 때보다 절실한 시대로 보입니다. 개인과 우리 사회가 평화를 위해 함께 걷는 길에 이 책이 조그마한 도움이 될 수 있기를 기원합니다.

역자 일동

찾아보기

저자 및 역자 소개

저자

세스 J. 길리한

심리치료자이자 심리학자인 세스 길리한 박사는 펜실베이니아 대학의 정신의학과의 임상조교수로 있다. 길리한 박사는 불안 및 우울에 대한 인지행동치료(CBT)의 효과성, CBT가 효과를 내는 방식, 그리고 뇌 영상의 활용을 통하여 정신의학적 건강상태에 대하여 40편 이상의 학술지 논문과 관련 저서의 여러 챕터를 저술하였다. 우울, 불안, 공황을 다루기 위한 자기주도의 워크북 『내 마음 내가 치유한다: 알기 쉬운 인지행동치료CBT』의 저자이고, 자넷 싱어Janet Singer와 함께 『강박장애 극복하기: 회복으로 가는 여정Overcoming OCD: A Journey to Recovery』(국내 미출간)을 저술하였다. 길리한 박사는 펜실베이니아주 해버포드에서 불안, 우울 관련 정신건강을 위하여 CBT와 마음챙김에 기반한 개입방법들을 적용하며 임상업무에 종사하고 있다. 필라델피아 외곽에서 아내, 세 명의 아이들과 함께 살고 있다. 그의 누리집 http://sethgillihan.com 에서 길리한 박사와 관련한 더 많은 정보와 자료들을 찾아볼 수 있다.

역자

신인수

〈심리상담 온마음The Whole Mind Counseling〉 대표. 대학원에서 심리상담, 자아초월심리학, 명상 등을 공부. 한국심리학회, 한국인지행동치료학회, 한국트라우마스트레스학회 등 정회원. 『최고의 나를 찾는 심리전략 35: 트라우마와 중독을 넘어 치유와 성장으로』, 『내 마음 내가 치유한다: 알기 쉬운 인지행동치료CBT』, 『내면가족체계IFS 치료모델: 우울, 불안, PTSD, 약물남용에 관한 트라우마 전문 치료 기술훈련 안내서』, 『자아초월심리학 핸드북』, 『나쁜 마음은 없다: 하버드대 교수의 내면가족체계IFS 이야기』(근간), 『무너진 삶을 다시 세우며: 하버드대 교수의 복합 PTSD 및 해리성 장애 치료하기』(근간) 등 공역. 최근 리처드 바크의 『갈매기의 꿈』 이후 이야기이자 심리영성 소설인 『환상: 어느 마지못한 메시아의 모험』을 새롭게 옮겨 펴냄.
blog.naver.com/wholemindcounseling

전철우

정신건강의학과 전문의, 현 블레스병원 진료부장, 동국대 의학전문대학원 졸업, 동국대 경주병원 정신건강의학과 전공의 수료, 대한정서인지행동의학회 평생회원, 대한정신약물학회 평생회원, 대한신경정신의학회 정회원. 『내 마음 내가 치유한다: 알기 쉬운 인지행동치료CBT』 공역

내 마음 내가 치유한다 : 7주간의 인지행동치료^{CBT} 치유 여정

초판 발행 | 2023년 1월 16일

저자 | 세스 J. 길리한
역자 | 신인수, 전철우
펴낸이 | 김성배
펴낸곳 | 도서출판 씨아이알

책임편집 | 신은미
디자인 | 송성용, 박진아
제작책임 | 김문갑

등록번호 | 제2-3285호
등록일 | 2001년 3월 19일
주소 | (04626) 서울특별시 중구 필동로8길 43(예장동 1-151)
전화번호 | 02-2275-8603(대표)
팩스번호 | 02-2265-9394
홈페이지 | www.circom.co.kr

ISBN | 979-11-6856-122-9 (93180)